변화와 생존

변화와
Change

Survival
생존

위기와 불확실성의 시대,
투자자의 길을 묻다

김동환, 박세익, 김한진 지음

함께 '생존의 안전지대'를 찾아봅시다

2021년 10월 출판사에서 연락을 받고 우리 세 명의 저자들이 만나 아이디어 회의를 진행했습니다. 2022년 초 출간을 목표로 어떤 책을 쓸 것인가를 브레인스토밍하는 자리였습니다. '2022년 금융시장 예측', '2022년 산업 트렌드 전망' 등 여러 가지 아이디어가 나왔지만 저는 색다른 주제를 제안했습니다. 우리는 각자의 필살기를 가지고 금융업계에서 살아남은 생존자들이기에 각자의 생존 비결을 진솔하게 적어보는 것이 좋겠다고 생각한 것입니다.

우선 맏형 김한진 박사님은 신영증권 조사역을 거쳐 피데스 자산운용 펀드매니저로 일한 경력이 있고, KTB증권으로 이직한

김한진 박사

뒤에는 이코노미스트로서 환갑을 훌쩍 넘긴 나이에도 불구하고 2021년 연말까지 현역으로 왕성하게 활동을 해나갔습니다. 김한진 박사님은 저를 포함해 많은 증권업계 종사자들의 롤모델로 꼽히는 매우 훌륭한 분입니다.

김동환 프로님은 증권업계에서 한 우물만 판 우리 두 저자와 달리 증권사를 떠나 미국에서 장사를 하기도 하고, 다시 한국으로 돌아와 자문사 대표를 맡기도 하고 경제 방송 앵커는 물론, 팟캐스트와 유튜브 진행자로 나서기도 하는 등 매우 다양한 시도와 도전을 하신 분입니다. 김동환 프로님을 보면 떠오르는 책이 있습니다. 바로 세계적으로 베스트셀러가 된 스펜서 존슨(Spencer Johnson)의 저서 『누가 내 치즈를 옮겼을까?』입니다. 김동환 프로님은 이 책

김동환 프로

의 내용처럼 현재의 안정된 치즈에 만족하지 않고 끊임없이 새로운 치즈를 찾기 위한 도전을 멈추지 않았습니다. 40대 중반을 넘어서도 계속해서 변신을 거듭하다 마침내 위대한 경제 플랫폼 '삼프로TV'를 만들어내셨습니다.

저는 위대한 업적을 남기며 생존한 두 분에 비하면 특별히 내세울 만한 것이 없지만, 운용사에서 10년 넘게 CIO(Chief Investment Officer, 최고운용책임자) 역할을 하며 변화무쌍한 국내 주식시장에서 도태되지 않고 살아남은 대한민국 주식시장의 야전 사령관 같은 사람입니다. 그래서 저는 두 분께 자산운용업계의 펀드매니저로서 생존할 수 있었던 운용 철학과 운용 스타일을 구체적으로 정리하고, 운용사의 최고운용책임자로서 어떻게 조직과 팀원들을 관리해

박세익 대표

왔는지 등 저만의 운용 노하우와 조직관리 방법론을 이 책에 담아
보고 싶다고 이야기했습니다.

주식투자는 변화의 물결 속에서 생존하는 기업과 도태되는 기
업을 가려내는 작업부터 시작됩니다. 그리고 생존하는 기업의 강
점과 약점을 분석해 자신이 투자하려는 기업의 가치가 물가 상승
과 자금 조달 비용보다 훨씬 크게 성장할 것이라는 확신이 설 때
과감하게 돈을 투자하는 것입니다.

이 책의 공저자인 두 형님들은 어떻게 보면 주식시장에서 살
아남은 우량 기업과도 같습니다. 김한진 박사님은 1990년대 최고
성장주였다가 지금은 안정된 고배당을 주는 SK텔레콤 같은 분이
고, 김동환 프로님은 1999년에 자본금 500억 원으로 시작한 후발

증권사였다가 국내 최대 증권사인 대우증권까지 합병하면서 국내 1위 증권사로 발돋움한 미래에셋증권과 같은 분이라 생각합니다.

최근 20년간 국내 자산운용업과 증권업은 한마디로 경쟁이 치열한 레드오션이었습니다. 두 분은 UFC 옥타곤 링과 같은 치열한 증권업에서 어떻게 살아남아야 하는지 스스로 그 해답을 찾아낸 각 체급의 챔피언과 다름없습니다. 그런 의미에서 우리 세 사람은 '변화와 생존'이라는 키워드를 가지고 어떻게 시대 변화에 적응해왔고, 또 어떤 대응 원칙과 전략으로 생존할 수 있었는지 각자의 실제 경험을 진솔하게 이 책에 적어놓았습니다.

부디 이 책이 급변하는 세계정세 속에서 독자 여러분을 생존의 안전지대로 인도하고, 또 우리의 자랑스러운 대한민국이 금융강국으로 발돋움할 수 있는 작은 디딤돌 역할을 할 수 있기를 진심으로 바랍니다.

박세익 체슬리주식회사 대표

contents

김동환 | "오래 머무르면 성공 확률이 높아집니다"

박세익 "긍정 에너지로 가득찬 변화 사냥꾼이 됩시다"

제7장. 금융강국의 조건

김한진 | "내가 틀렸다고 생각해본 적 있나요?"

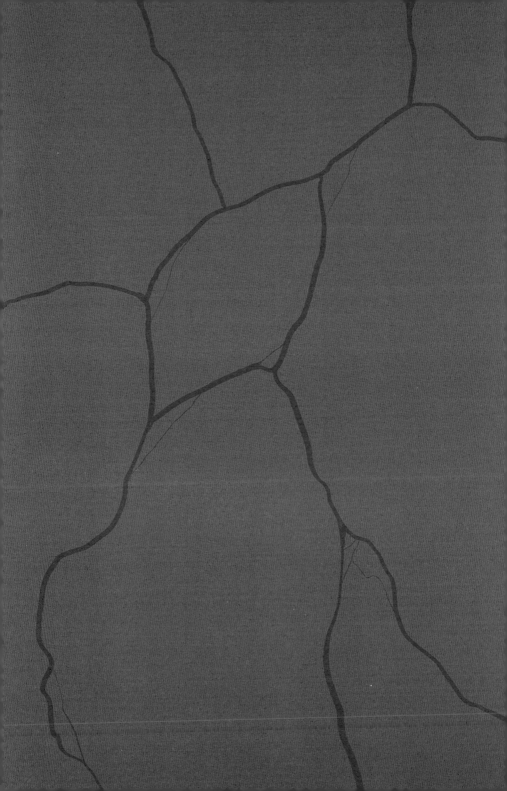

Change

Survival

"오래 머무르면
성공 확률이 높아집니다"

김동환

의미 있는 부자가
된다는 것

제1장

부자의 조건

'삼프로TV'를 시작한 뒤 어쩌다 보니 대중적 인지도가 생겼고, 몇 권의 책을 내다 보니 사인을 요청받을 때가 종종 있습니다. 처음에는 상황에 맞는 격려사와 함께 사인을 해드렸는데, 그 빈도가 늘면서 언젠가부터 '부자 되세요'라는 메시지를 예외 없이 적어 드리게 되었습니다.

IMF 직후 한 카드회사가 대대적으로 광고를 하면서 '여러분, 꼭 부자 되세요'라는 카피가 전국적으로 화제가 되기도 했죠. 누군가는 이 광고 카피가 본격적인 천민자본주의의 선포라며 비난 섞인 글을 쓰기도 했습니다. 그래서 처음엔 '부자 되세요'라는 말을 적기가 꺼려지기도 했습니다. 그런데 매번 사인을 할 때마다 그 글을 받아든 사람들이 행복해하는 모습을 보면서 부자가 되고 싶은 열망이 대단하며, 저의 말과 글을 좋아하는 대다수의 사람이 '부자'라는 키워드를 공유하고 있다는 사실을 알게 되었습니다.

그렇습니다. 우리는 모두 부자가 되고 싶은 간절한 바람을 가지고 있습니다. 하지만 부자가 무엇인지, 부자의 조건은 무엇인지, 부자가 되면 어떤 행복을 느낄 수 있는지는 잘 알지 못합니다. 그저 부자는 좋은 것이고, 이루어야 할 목표이며, 남들보다 행복한 인생을 살기 위한 전제 조건으로 생각하면서 부자가 되기를 갈구합니다.

그렇다면 부자는 일반 사람과 무엇이 다를까요? 모두가 살고 싶어 하는 동네에 호사스러운 인테리어를 해놓은 넓은 집, 누구나 타고 싶어 하는 큰 외제차, 좋은 식당에서 먹는 고급스러운 음식, 계절마다 떠나는 해외여행, 수백만 원짜리 옷과 구두 뭐 그런 것들이 부자의 조건일까요?

저의 경우 경제적 자유를 누리게 되었다고 생각하며 살기 시작한 건 2009년쯤입니다. 저는 그때부터 지금까지 같은 아파트에서 살고 있고, 단 한 번도 가구를 사거나 인테리어를 바꾸는 데 돈을 써본 적이 없습니다. 차는 두어 번 바꿨지만 늘 비슷한 SUV를 몰고 있고, 우리 부부는 전보다 더 소박한 음식을 즐깁니다. 예전 금융회사에 근무할 때는 한 벌에 백만 원이 넘는 슈트를 사기도 했지만 요즘은 몇 만 원짜리 청바지와 티셔츠를 훨씬 많이 입습니다. 적어도 지금은 예전처럼 브랜드 정장을 사는 데 저의 돈을 쓰지는 않으며, '삼프로TV' 때문에 몇 년간 제대로 된 해외여행을 가본 적도 없습니다. 코로나19 때문이기도 하지만 최근 2년 동안 제주도를 두 번 다녀온 걸 빼면 여행에 큰돈을 써본 일이 없습니다.

저의 자산은 과거보다 꽤 많이 늘었지만, 생활과 소비는 더욱 소박해졌습니다. 그럼에도 저는 이만하면 경제적 자유인이라고 생각하며, 과거보다 훨씬 더 큰 행복감을 느낍니다. 과연 무슨 차이가 저의 마음을 이렇게 만든 것일까요?

경제적 자유의 진짜 목적

경제적 자유가 주는 특권은 바로 '계획'입니다. 저는 일정 규모 이상의 자산을 갖게 된 후 그전에는 할 수 없었던 내 인생, 아니 다음 세대를 포함한 우리 가족에 대한 계획을 세우게 되었습니다. 물론 다음 세대가 제 계획에 동의할 필요는 없습니다. 다만 저의 계획은 우리 가족이 먹고사는 문제를 벗어나 과연 어떤 일을 할지, 그리고 우리 이웃과 어떤 관계를 맺으며 어떻게 살아갈지에 대한 구체적이고 진지한 고민을 할 수 있게 도왔습니다.

2018년에 팟캐스트 '경제의 신과 함께', 2019년에 '삼프로TV'를 만들고 지금까지 활동하고 있는 것도 그러한 계획을 세웠기에 가능했습니다. 만약 제가 이 두 가지 시도를 시작하기 전에 경제적 자유에 이르지 못했다면, 아마 고액연봉의 금융사 임원 자리를 스스로 내려놓지 않았을 겁니다. 실제로 2012년 MBC 라디오 '이진우의 손에 잡히는 경제' 고정 패널이 되기 위해 20년간의 금융 인생을 정리할 무렵, 많은 지인들은 나의 무모한 결정을 걱정했습니다. 하지만 당시 나의 자산 규모를 감안했을 때 '여간해선 나와 나의 가족이 가난에 처할 가능성은 거의 없겠다'는 자신감이 있었고, 그 자신감이 새로운 인생으로의 도전을 가능하게 했던 것이지요.

물론 경제적 자유만이 모든 변화와 인생의 큰 결정에 영향을 미치는 것은 아닙니다. 하지만 본인이 하고 싶고 또 잘할 수 있는 일을 찾았고 막상 실천할 수 있는 여건이 마련되어도 당장의 경제적 상황 때문에 많은 꿈과 계획을 유보하거나 포기하는 경우도 있습니다. 저 역시 경제적 자유가 없었다면, 정말 하고 싶었던 팟캐스트나 유튜브 같은 디지털 콘텐츠 제작에 집중하지 못했을 것이고, 그 시도를 더욱 심화시키기 위한 공부의 결과인 박사학위도 따지 못했을 것이며, 여의도의 명소가 되어가고 있는 '삼프로TV' 오픈 스튜디오는 존재하지 않았을 것입니다. 무엇보다 이프로, 정프로 같은 재능 있는 후배들과의 협업도 없었겠죠. 한마디로 오늘날의 '삼프로TV'는 어쩌면 나의 경제적 자유가 기반이 된 결과물이 기도 합니다.

저는 얼마 전부터 '삼프로TV' 이후를 계획하고 있습니다. 남들은 단기간에 콘텐츠를 성장시키고 일종의 플랫폼을 만들었으니 지금부터라고 하지만, 저는 1~2년 전부터 '삼프로TV'를 더욱 발전시킬 젊은 인재들에게 책임과 권한을 넘기고 또 다른 무엇을 할까를 계획하고 있습니다. 한두 차례 말씀드린 바 있는데, 경영자를 키우는 학교도 좋을 것 같고, MOOC(Massive Open Online Course)와 같은 온라인 교육업체도 좋을 것 같습니다. 50대 후반과 60대를 바칠 새로운 계획을 세우고 실천하기 위한 일에 시간을 할애할 때 너무나 행복합니다. 이게 바로 경제적 자유가 주는 행복입니다.

수년째 같은 셔츠를 입고 같은 신발을 신고, 몇 달째 세차를 하지 않아 차에서는 귀신이 나올 것 같고, 고급 한우보다 돼지갈비와 맛보기 냉면을 더 좋아하고, 올 겨울에도 외풍을 막기 위해 창문에 뽁뽁이를 붙였지만, 저와 가족, 그리고 동료들이 만들어나갈 새로운 시도를 상상하고 구체화할 때 극상의 엔도르핀이 분비되는 것을 느낍니다. 그리고 그것이 주는 행복감에 더욱 용기를 냅니다.

저는 여러분이 꼭 부자가 되기를 바랍니다. 하루하루 일상이 고단하다고 장래의 가슴 설레는 계획을 잊지 않길 바랍니다. 또한 인생은 그저 피곤한 일상의 연속이고, 운이 좋으면 좀 더 넓은 아파트에 살고 좀 더 좋은 차를 타고 좀 더 좋은 음식을 먹고 좀 더 화려한 여가를 즐기는 것이 행복이라고 자위하며 살지 않길 바랍니다. 더 큰 세상, 더 깊은 관계, 더 의미 있는 일들에 대한 계획과 실천이 주는 전율을 느끼며 행복하기를 바랍니다.

'부자 되기'의 난이도

어떤 이는 김프로가 운이 좋아서 경제적 자유를 얻은 다음 다른 사람에게 괜한 헛된 희망을 준다고 생각할 수도 있습니다. 저 또한 종종 '내가 괜한 말을 해서 타인이 피곤한 목표를 세우게 하고 헛된 노력을 하게 하는 건 아닐까?' 자문해보기도 합니다.

물론 한두 차례 운이 좋았던 경험이 있으나 돌이켜 생각해보면 운만이 경제적 자유를 만들어준 것은 아닙니다. 행운을 상쇄할 정도로 불운한 경우도 많았기에 저의 경제적 자유가 비단 운 때문이라고 할 수는 없습니다. '부자 되기'의 난이도에 대해 이야기하면 저는 이런 비유를 들곤 합니다.

저는 중고등학교 때 뛰어난 학생이 아니었습니다. 간혹 컨디션이 좋으면 반에서 3, 4등을 하기도 했지만 보통은 그저 10등 안에 드는 평범한 학생이었습니다. 그러다 고등학교 3학년 여름 방학쯤에 이대로는 안 되겠다는 일종의 '현타'가 왔고, 남은 4~5개월 동안 최선의 노력을 다해 입시 준비를 했습니다. 성적은 잘 올랐습니다. 선생님은 부쩍 오른 모의고사 점수와 저의 적극적인 태도를 보시고는 "그래! 이제 정신 차렸네. 조금 더 열심히 하자"라고 격려해주셨고, 부모님께서도 없는 살림에 거금을 들여 독서실을 등록해주시는 등 후원을 해주셨습니다. 처음에는 그저 K대나 Y대를 가겠거니 했는데 모의고사를 볼 때마다 10점, 20점씩 점수가 오르니 '잘하면 S대도 갈 수 있지 않을까?'라는 희망을 갖게 되었고, 최종 모의고사 때는 5~10점만 더 올리면 가능한 상태까지 올라가게 되었습니다.

하지만 결론은 처참한 실패였습니다. 그 사연을 구구절절 다 쓰기는 어렵지만 시험 당일에 컨디션 조절에 실패했고, 고사장에서의 부당한 대우(순전히 제 생각입니다)에 대한 분함 때문에 시험을 망쳐버리고 말았습니다. 어쩌면 너무 짧은 기간 몰아치기를 한 것이 실패의 원인이지 않았나 싶습니다. 결국 희망하는 대학에는 갈수 없었고, 합격이 안정적으로 보장된 대학을 선택할 수밖에 없었습니다.

지금도 가끔은 '그때 재수를 했다면 어땠을까?'라는 생각을 합니다. 어쩌면 인생이 걸린 시험인데 단 하루에 승부를 내라는 건 열여덟 어린 아이들에게는 너무나 잔인한 것 같습니다. 그래서 우리나라 입시제도에 대해 이야기할 기회가 있으면 2~3번의 수학능

력시험을 치르게 해야 하는 것 아니냐며 비전문가적인 의견을 내기도 합니다.

그런데 이런 경우가 비단 저뿐일까요? 여러분은 원하는 대학, 원하는 과에 진학했나요? 아마 그렇지 않은 경우가 대부분일 것입니다. 최종 점수에 맞춰 대학과 과를 선택하는 사람이 대다수죠. 왜 우리 대부분은 그저 공부만 열심히 하면 누구나 갈 수 있다는 대학, 과에 가는 걸 실패하는 걸까요? 이유는 정원과 커트라인이 존재하기 때문입니다. 여러분과 제가 그 시절로 돌아가 아무리 공부를 열심히 한다 해도 이른바 '스카이 캐슬'의 꿈을 이루는 건 불가능에 가깝습니다. 그 꿈을 이루는 사람은 한 해에 전국 100여 명에 불과하기 때문입니다. 전국 석차 100등은 웬만한 고등학교에서는 전교에 한 명 나올까 말까 하는 성적입니다.

다시 말하지만 거의 모든 학생이 인생을 걸고 열심히 준비함에도 불구하고 목표를 달성하지 못하는 이유는 정해진 인원, 즉 정원이 있고 그걸 가름할 점수가 존재하기 때문입니다. 누군가가 저에게 다시 기회를 줄 테니 도전해보겠냐고 한다면 절대 아니라고 할 것입니다. 정해진 점수를 획득할 자신이 없고, 또 그때와 같은 악몽이 재현되지 말라는 법이 없기 때문입니다.

그럼 '부자의 길'은 어떤가요? 여러분은 부자가 되기 위한 정원과 커트라인이 있다는 말을 들어본 적이 있나요? 100억 원 이상을 가지고 있으면 부자라고 하고, 100억 원 미만을 가지고 있으면 부자가 아니라고 하나요? S대급 부자, K대급 부자, Y대급 부자라는 이야기를 들어본 적 있나요? 100억 원 이상 가진 사람은 행복하고, 그렇지 않은 사람은 불행할까요? 수천억 원을 가진 부자가 스스로 목숨을 끊기도 하는 걸 보면 꼭 그런 것만도 아닌 것 같습니다.

그렇습니다. 우리가 원하는 경제적 자유를 누릴 만큼의 부자가 되는 것이 다시 학창 시절로 돌아가 원하는 대학과 과에 합격하는 것보다 훨씬 가능성이 크고, 더 큰 의미가 있습니다.

부자의 기초 체력

그럼 어떻게 해야 경제적 자유를 누리는 부자가 될 수 있을까요? 그 첫걸음은 과연 무엇일까요? 그건 학창 시절의 학업과 같습니다. 바로 기초가 튼튼해야 합니다. 저의 경우 다른 모든 과목은 등수 안에 들었지만 유독 수학 점수는 좋지 않았습니다. 그러고 보면 참 아이러니합니다. 수학 성적이 나빠 꿈을 이루지 못한 제가 증권사에 입사했고, 숫자에 밝아야 한다는 채권을 배우고, 임원 시절엔 수학 박사를 팀원으로 고용한 적이 있습니다. 공부머리와 일머리는 정말 다르긴 한가 봅니다. 하물며 수학 박사가 제 방에 결재를 받으러 왔다가 제가 단번에 오류를 집어내자 무안해한 적도 많습니다. '자리가 사람을 만든다'라는 말이 맞는 것 같습니다.

학창 시절에 수학에 약했던 가장 큰 이유는 중학교 1, 2학년 때 수학이 싫어 기초가 되는 이론을 장착하지 못하고 그저 단기 성적에 집착해 문제 풀이 위주로 공부했기 때문이라고 생각합니다.

공부에 기초가 필요하다면 부자가 되기 위해서는 기초가 되는 종잣돈, 즉 시드머니(seed money)가 필요합니다. 크고 견고한 시드머니는 부자가 되기 위한 첫 번째 관문입니다. 시드머니는 씨앗입니다. 농부는 흉년이 들어 먹을 것이 없어도 이듬해 파종에 쓸 씨앗 곡식을 먹어치우지 않습니다. 이렇듯 우리도 우리를 부자로 만들어줄 씨앗, 즉 시드머니를 소중히 키우고 다룰 줄 알아야 합니다.

시드머니는 어떻게 만드나요? 어떤 분은 시드머니를 투자로 모은다고 주식투자에 나서기도 합니다만 사실 시드머니는 우리의 노동을 통한 소득으로 모아야 합니다. 땀 흘려 번 돈을 절제하며 쓰면서 차곡차곡 모아야 견고한 시드머니가 됩니다.

물론 시드머니를 모으는 기간에도 투자할 수 있습니다. 하지만 그 투자는 결코 시드머니를 허물어트릴 만큼 위험한 투자여서는 안 됩니다. 시드머니가 크고 견고해졌을 때 본격적인 투자에 나서기 위한, 나의 투자 실력과 실천력을 높이기 위한 투자여야 합니다. 일정한 금액을 적립식으로 투자하든가, 아니면 정말 좋아 보이는 주식을 조금 사놓고 그 회사의 비즈니스와 재무 활동을 찬찬히 연구해볼 목적으로 투자하는 것은 괜찮습니다.

결코 서두를 필요가 없습니다. 크고 견고한 시드머니를 만들 때까지는 참고 기다리며 투자의 지혜와 자금을 함께 키워나가면 됩니다.

시드머니 제대로 키우는 방법

제2장

대출을 최소화하라

1995년 결혼할 무렵, 저의 재정 상태는 정말 말이 아니었습니다. 비교적 고액 연봉에 수백억 원씩 거래를 하는 증권사 채권부에서 근무하다 보니 1000만 원, 2000만 원이 그리 크게 느껴지지 않았습니다. 그래서 씀씀이가 커졌고, 바쁘다는 핑계로 엉망으로 투자를 해 빚은 늘고 자산은 점차 줄어들었죠. 그런데 무슨 자신감이 있었는지 지금의 아내에게 떡하니 청혼했습니다. 지금 생각하면 참으로 무모한 청년이었습니다.

시드머니가 없으니 투자는 그저 정보에 의지한 단기 거래로 일관했고, 돈을 번 줄 알았더니 어느새 계좌는 마이너스가 되어 있었습니다. 이런 상황이 반복되다 보니 당시 15%가 넘었던 살인적인 이자를 내고 나면 집에 가져다줄 돈이 없었습니다.

그러던 어느 날 우연히 시드머니에 대한 이야기를 듣게 되었습니다. 퇴근 후에 신접살림을 했던 일산으로 가기 위해 지하철을 탔는데 그곳에서 한 선배를 만났습니다. 선배는 이를 꽉 깨물고 5000만 원만 모아보라고 했습니다. 27년 전의 일이니 그 당시 5000만 원은 지금의 5억 원쯤 될까요? 어쨌든 선배는 씩 웃으며 이렇게 말했습니다.

"5000만 원만 있으면 그게 금방 2~3억 원이 되고, 그게 또 5억 원이 될 거야. 일단 빚 없이 5000만 원만 모아 봐."

집으로 돌아와 재무 상태를 점검해보았습니다. 전세 보증금 3000만 원, 주식 계좌에 1000만 원, 아내가 직장생활을 하며 모아둔 2000만 원, 그 외 지인들이 부탁해 들어준 적금이며 보험 등에 1000만 원이 있었습니다. 회사와 은행권 대출을 합하면 5000만 원 정도 있었으니 아내의 돈 2000만 원을 제하면 거의 빈털터리 수준이었습니다. 은행권 대출 3000만 원에 대한 이자로 매월 50만 원 정도 나가고 있었고, 일정 금액을 매달 부모님 생활비로 드려야 하는 상황이었기에 맞벌이를 해도 너무나 빠듯했습니다. 이런 상황에서 시드머니를 불린다는 건 불가능에 가까웠죠.

그때 내린 결단은 '부채 축소'였습니다. 그동안 자존심 때문에 아내가 모아놓은 돈은 손대지 않고 은행 상품에 넣어두었는데, 그걸 찾아 일단 이자가 15%인 은행권 대출 2000만 원을 갚는 데 썼습니다. 지금이야 시간이 꽤 지났으니 옛날 일이라고 추억처럼 회고하지만 그 당시엔 얼마나 창피했는지 모릅니다.

아내에게는 대충 둘러대고 대출을 상환하고 나니 일단 우리 집의 현금 흐름이 좋아졌습니다. 이자 부담이 줄어드니 저축이 되기 시작했고, 이렇게 저렇게 손해를 보던 주식 계좌도 여유를 찾다 보니 재무 상태가 조금씩 회복되었습니다. 전보다 훨씬 검약한 생활을 시작했습니다.

때마침 대리로 승진해 본사로 발령을 받았고, 아내도 집 근처에 새로운 직장을 구해 출퇴근에 드는 시간과 비용을 아낄 수 있게 되었습니다. 1년에 1000만 원 이상 소득이 늘어났습니다. 이자를 비롯한 지출을 극도로 줄이고 부모님께도 양해를 구해 생활비 부담을 줄였습니다. 그리고 꼬박꼬박 저축을 늘려나가기 시작했습니다. 그러다 보니 어느 순간 제 자산은 당장 상환 의무가 없는 회사 전세자금대출 2000만 원을 포함해 5000만 원이 되어 있었습니다. 즉, 3000만 원의 순자산을 확보하게 된 것이죠.

물론 이 기간 동안 시드머니만 모은 것이 아닙니다. 제대로 주식 공부를 시작했고, 피터 린치(Peter Lynch)를 비롯한 유명한 펀드 매니저들의 책을 읽으며 나름 주식을 보는 눈을 키워나갔습니다.

여전히 대출이 있었지만 3000만 원의 순자산이 있다는 사실은 마음에 안정을 주었습니다. 맞벌이를 하며 두 식구가 살아가는 데 큰 문제가 없었기에 본격적으로 투자를 하기로 마음먹었습니다. 이때부터 1년 정도가 태어나 주식을 제대로 한 기간이었던 것 같습니다.

주식을 사기 위해 예외 없이 기본적인 분석을 하기 시작했고, 되도록이면 기업 탐방을 가 직접 확인을 해보았습니다. 탐방이 불가능할 때는 믿을 수 있는 지인의 탐방기를 세밀히 챙겼습니다. 또한 하루에 전액 매수·매도를 하지 않고 최소 3~5회에 나누어 사고팔기를 반복했으며, 종목 수도 3~5개 정도로 분산했습니다.

한두 번 교체 매매를 하며 포트폴리오를 꾸준히 가져간 결과, 1997년 7월 제 자산은 회사 대출을 포함해 약 7000만 원 수준으로 성장했습니다. 그 당시 은행권에도 2000만 원 정도의 대출이 있었던 것으로 기억합니다.

시드머니가
10배로 불어나는 순간

그러면서 저는 장래를 위한 투자를 병행해나갔습니다. 채권을 배우고 주식을 운용하고 있으니 증권사 직원으로서 좋은 커리어

패스를 하고는 있었지만 영어도 안 되고 전공도 인문 계열이라는 약점이 있었기에 여러 선배들의 조언을 받아들여 MBA(Master of Business Administration, 경영학 석사) 과정을 공부해보기로 결심했습니다. 그렇게 1997년 7월, 영국의 버밍험대학으로부터 입학허가서를 받게 되었습니다. 아마도 그 순간이 인생에서 가장 중요한 결정의 순간이 아니었나 싶습니다.

예나 지금이나 증권사의 꽃은 자체 자금을 운용하는 펀드매니저입니다. 나름 운용 성적도 괜찮았고, 인정도 받고 있었고, 개인 투자도 성공적으로 하던 때라 굳이 이역만리로 유학을 떠날 필요가 있을까 생각하기도 했습니다. 하지만 저의 금융 인생 전체를 걸고 지금이 떠나야 할 때임을 잘 알았기에 결단을 내리고 회사와 협상을 했습니다. 다행히 회사에서도 일정 수준의 도움을 주었고, 굳이 대출금을 상환하지 않아도 되었습니다.

이때 유학을 가기 전에 주식을 사는 게 좋을지 고민에 빠졌습니다. '일부러 장기투자도 하는데 없다손 치고 주식을 사둘까? 유학을 끝내고 오면 몇 배 올라 있지 않을까?' 하는 마음이 스멀스멀 올라왔습니다. 하지만 늦은 나이에 떠나는 유학인데 주식이 신경 쓰여 공부에 전념하지 못한다면, 그래서 학위 취득마저 실패한다면 2년 가까이 시드머니를 모으고 흑자로 전환시킨 노력이 물거품이 될 것이라는 생각에 덜컥 겁이 나기도 했습니다.

저는 어떤 결정을 내렸을까요? 고민 끝에 투자를 중단하기로 결정했습니다. 그리고 모든 주식을 팔았습니다. 물론 하루에 다 팔아치운 게 아니라 생각을 정리한 후에 신규 투자를 중단하고 조금씩 포트폴리오를 줄여가다 1997년 7월 초에 모든 주식을 현금화했습니다. 그러고는 회사 대출을 제외한 모든 금융권 부채를 정리했습니다.

아직도 기억이 선명합니다. 비가 억수로 내리붓던 7월 초에 마포 공덕동 인근의 은행을 돌며 대출을 상환했는데 어찌나 뿌듯했던지! 지금도 그때를 생각하면 몸 안의 종양 덩어리들이 쑥 빠져나가는 듯한 느낌이 듭니다. 여하튼 그날 이후로 저는 단 한 번도 금융권 대출을 받지 않았습니다. 하물며 집을 살 때도 제 돈만 사용했습니다.

저의 중간 시드머니 7000만 원은 이자가 얼마 나오지는 않지만 언제든 투자할 수 있도록 금융상품에 가입한 뒤 집안 어른께 모든 관리를 부탁했습니다. 그리고 1997년 7월 10일에 영국행 비행기에 몸을 실었습니다. 바로 이 7000만 원이 현재의 경제적 자유를 누리게 만든 진정한 의미의 시드머니가 되었습니다.

한국 경제는 기아와 한보철강의 문제로 위기의 그림자가 드리워진 상태였지만, 유학을 떠난 지 3개월도 되지 않아 IMF라는 환란이 올 줄이야 누가 알았겠습니까? 파운드의 가치가 급등하는 바람에 유학생활은 참 힘들었습니다. 외식 한 번 제대로 할 수 없을 정도였죠.

그때 한국에 맡겨두고 온 시드머니 7000만 원이 위력을 발휘하기 시작했습니다. 1997년 겨울, 위기에 빠진 한국 경제를 반영하듯 멀쩡한 회사채가 연이율 30%에 거래되는가 하면, 그때나 지금이나 좋은 입지에 있는 아파트 역시 미분양이 속출했습니다. 주식을 살 수도 있었지만 엄청난 공부량에 조금이라도 영향을 줄 수 없었기에 3000만 원은 연이율 30%의 삼성전기 회사채에 투자하고, 4000만 원으로는 용산구 도원동 소재 24평형 아파트를 분양받는 것으로 신속하게 결정했습니다. 물론 미분양 상태였기에 청약통장을 쓸 필요도 없었고, 프리미엄 역시 당연히 없었습니다. 이렇게 현금 7000만 원은 채권 3000만 원과 부동산 4000만 원으로 바뀌었습니다.

우리나라는 1998년에 IMF 구제금융을 받게 되었고, 새 정부가 출범하면서 급속도로 안정을 되찾았습니다. 물론 그 과정에서 국민들의 금 모으기 운동과 같은 자발적인 헌신이 있었고, 뼈저린 구조조정도 수반되었습니다. 하지만 자산 가격은 위기를 탈출하자마자 가파르게 회복되기 마련인 바, 채권수익률은 급속도로 내려가(채권 가격 상승) 상당한 평가익을 갖게 되었고, 미분양 상태였던 아파트들은 조금씩 프리미엄이 붙기 시작했습니다. 시드머니를 제대로 쓴 셈이었습니다.

유학생활을 마치고 돌아왔을 때 채권투자는 복리효과를 보며 4000만 원이 되어 있었고, 1억 2000만 원에 분양받았던 아파트는 2억 원을 호가했습니다. 불과 2년도 안 되는 시간 동안 시드머니가 7000만 원에서 약 2억 원으로 늘어났습니다. 결혼 직후 구조조정을 통해 3000만 원의 시드머니로 시작한 투자가 IMF라는 위기를 겪으며 어마어마하게 늘어난 것이죠.

저는 종종 방송에서 시드머니만 잘 관리하면 자기도 모르는 사이에 10배가 된다고 이야기하는데, 그게 바로 이러한 이유 때문입니다. 저는 3000만 원의 시드머니를 약 2억 원으로 불리는 데 절대 과도한 레버리지를 사용하지 않았습니다. 오히려 과도한 대출금을 상환하면서 이루어낸 결과입니다. 또한 유학과 동시에 모든 투자를 내려놓는 결단을 통해 일궈낸 투자 수익이기에 더욱 의미가 깊습니다.

많은 사람이 이렇게 말했습니다.

"김프로는 운 좋게도 IMF를 맞아 그렇게 된 거야."

"그 당시는 금리가 높았기 때문에 이른바 눈덩이 효과가 있었지."

"김프로는 금융회사에서 채권과 주식을 업으로 하던 사람이니까 그런 기회를 잡은 거야."

정말 그럴까요? 많은 사람이 IMF 때문에 가난해졌습니다. 또한 금리가 제로에 가까웠던 2020년 이후 전 세계 자산가들은 더욱 큰 부자가 되었습니다. 금리가 낮다는 것은 돈의 가치가 그만큼 떨어졌다는 것이고, 돈의 가치가 떨어졌다는 것은 돈으로 사야 하는 자산의 가격이 크게 올랐다는 뜻입니다.

IMF가 저에게 기회를 준 것은 사실이지만 만약 제가 원칙 없이 시드머니를 운용했다면 IMF는 저에게 위기를 주었을 것입니다. 또한 높은 금리는 시드머니를 잘 활용하지 않는 위험자산 투자자에게는 결코 좋은 조건이 아닙니다.

2000년대 들어 저의 자산이 어떻게 더 커져 갔는지는 차차 소개하도록 하겠습니다. 다만 한 가지만 명심하기 바랍니다. 경제적 자유를 누릴 만큼의 부자가 되는 길의 가장 중요한 선결 조건은 크고 견고한 시드머니를 확보하는 일입니다.

시드머니는 목표액의
10%가 적당하다

큰 시드머니가 필요하다고 하면 구체적으로 어느 정도를 말하는 건지 되묻는 사람이 많습니다. 글쎄요, 획일적인 기준을 말씀드리기가 참 어렵습니다. 저는 10년 내지 5년간의 기간목표를 세우고 모으고 싶은 자산 10분의 1, 즉 10%를 시드머니로 모을 것을 권합니다. 예를 들어 현재 30세인데 40대 초중반까지 모으고 싶은 자산이 20억 원이라면 2억 원, 30억 원이라면 3억 원을 모아야 합니다.

무일푼인 20대에게 1억 원이 넘는 시드머니를 모으라고 하는 건 너무 가혹하지 않느냐고 말씀하시는 분들도 있습니다만, 절대 그렇지 않습니다. 이 정도 시드머니도 모으지 않고 위험한 투자에 나선다면 10년 후에 여러분은 20억 원, 30억 원의 자산을 모을 수 없습니다. 저축으로 1억 원을 모으지 못할 정도라면 주식이나 코인 같은 투자를 시작해서는 안 됩니다.

연봉이 평균 5000~6000만 원 정도라면 2억 원을 모으는 데 5년을 넘기지 않도록 해야 합니다. 너무 힘들다면 10년간 20억 원이 아니라 10억 원으로 목표를 변경하고 1억 원이라는 시드머니를 만들기를 권합니다. 다만 10년이라는 세월이 흐른 뒤에 10억 원이 여러분에게 경제적 자유를 줄지는 잘 판단해보기 바랍니다.

다시 한 번 말하지만, 시드머니는 모으고 싶은 자산의 10%로 설정하는 것이 좋습니다. 10억 원을 모은 뒤 10배를 불리기까지 10년이 걸린다고 했을 때 현재 30세인 분들은 50대에 100억 자산가가 될 수 있다고 믿어도 좋습니다.

여기에 한 가지 비밀이 있습니다. 여러분은 1억 원을 2억 원으로 만드는 게 쉽다고 생각하나요, 2억 원을 4억 원으로 만드는 게 쉽다고 생각하나요? 좀 더 확대해서 10억 원을 20억 원으로 만드는 게 쉬울까요, 20억 원을 40억 원으로 만드는 게 쉬울까요? 대부분의 사람은 1억 원이 2억 원이 되는 것, 즉 1억 원을 버는 게 쉽다고 생각할 것입니다. 그런데 제 경험을 생각해보면, 그리고 자산가의 길을 걷고 계신 분들의 증언을 종합해보면 1억 원을 2억 원으로 만드는 것보다 2억 원을 4억 원으로 만드는 게 훨씬 쉽고, 10억 원을 20억 원으로 만드는 것보다 20억 원을 40억 원으로 만드는 게 훨씬 쉽습니다. 분명 '돈이 돈을 번다'라는 말이 괜히 있는 게 아니라는 것을 절감하는 순간이 있을 것입니다.

10억 원의 금융자산이 어느새 20억 원이 되어 있고, 또 어느새 40억 원이 되어 있는 것을 보면서 스스로 깜짝 놀랄 때가 있습니다. 약 30년 전에 순자산 2000만 원을 4000만 원으로 만들기 위해 얼마나 큰 노력을 했는가를 생각해보면 시드머니를 2배로 늘리는 것보다 2배가 된 시드머니를 다시 2배로 늘리는 게 훨씬 쉬웠습니다. 그래서 여러분에게 크고 견고한 시드머니를 끊임없이 강조하는 것입니다. 자산을 10배로 성장시키는 1차 10년 계획을 시작하기 전에 크고 견고한 시드머니를 모으길 바랍니다.

돈을 벌수록 인정받는 직업

다만 현실적으로 아무리 노력해도 시드머니가 커지지 않는 환경에 처해 있다면 직업 전환을 권합니다. 만약 공무원 생활을 하고 있는데 부양해야 할 가족이 너무 많아 저축하기가 어려운 경우라면 아무리 안정된 공직이라도 직업을 바꿔야 합니다. 물론 부자가 되고 싶다는 꿈을 갖고 있다면 말이죠. 이런 경우라면, 저는 9급 공시를 포기하고 차라리 공인중개사 자격증을 취득해 부동산 중개업을 시작하라고 권하고 싶습니다. 인생의 목표가 경제적 자유를 누릴 만큼의 부자가 되는 것인데 직업상 도저히 현금 흐름을 통해 시드머니를 만들 수 없는 상황이라면 반드시 그 직업을 재고하고 다른 길을 찾아야 합니다.

안정감을 가지면서 급하게 부자가 되는 길은 없습니다. 많은 사람이 부자가 되고 싶어 하면서 직업만으로는 부자가 될 가능성이 희박한 공직자나 교사, 은행원이 되길 바랍니다. 정말 부자가 되고 싶다면 증권맨이나 부동산 중개인이 되어야 합니다. 그 업종에서 최고가 된다면 분명 부자가 될 수 있습니다. 만약 청백리상을 받을 만큼의 청렴한 공직자가 수십억 자산을 모았다고 한다면 여러분은 어떻게 생각할 건가요? 반대로 정의로운 증권맨이 되어 청빈하게 산다면 여러분은 그를 존경할까요? 여러분은 직원들의 월

급을 꼬박꼬박 주는 것에 만족하는 사업가에게 투자를 할 건가요? 돈을 벌고 싶다면 돈을 많이 벌어야 최고가 되는 직업을 택해야 하지 않을까요?

언젠가부터 사람들은 부자가 되는 유일한 방법은 투자라고 생각합니다만 사실 그렇지 않습니다. 우리 주변의 탁월한 부자들은 투자가 아닌 직업을 통해 부자가 되었습니다. 일론 머스크(Elon Musk)도, 제프 베이조스(Jeff Bezos)도 투자가 아닌 본인의 사업을 통해 부자가 되었으며, 제가 알고 있는 중산층 이상 자산가들 역시 대부분 부자가 될 만한 직업을 가지고 있습니다. 저는 경제적 자유를 누릴 만큼의 자산을 가진 공직자도, 교사도, 하물며 은행원도 본 적이 없습니다.

부자가 되려면 부자가 될 가능성을 높여야 합니다. 저는 여간해서는 한전이나 가스공사 혹은 은행에 투자하지 않습니다. 만약 한전이 전기요금을 계속 올려 흑자를 키운다면 주주들이야 즐겁겠지만 전기를 사용하는 대부분의 가계와 기업은 불만일 것입니다. 한전의 주가를 보면 바닥이라고 생각하는 투자자들에 의해 잠깐잠깐 오르긴 해도, 실적 호전을 기대하며 랠리(rally)를 이루는 경우가 없습니다. 그 시기가 위기의 시기라 망하지 않는 안정적인 기업이 반사이익을 보는 국면에서 밸류에이션 매력이 부각되어 오르는 경우를 제외하면 한전의 주가는 상장 이후 지속적으로 떨어졌습니다. 우리나라의 천연가스 공급을 독점하고 있는 가스공사도 마찬가지이며, 시중은행들마저도 그 주가가 실적에 연동하지 않습니다.

돈을 많이 벌면 공공이 불편해지는 사업에는 투자해야 할 명분을 찾기가 힘듭니다. 전기나 발전 같은 유틸리티 산업이 매력적이면 미국이나 유럽 업체를 찾고, 배당 매력이나 안정감을 갖고 투자하고 싶다면 JP모건이나 뱅크오브아메리카 주식을 사는 것이 좋습니다.

여러분의 직업도 마찬가지입니다. 돈을 많이 벌었다고 자랑하면 부러움을 사기보다 의혹의 눈초리를 받는 직업을 갖고 있다면, 돈을 많이 벌수록 입신양명이 불가해지는 직업을 갖고 있다면 부자가 되는 길에 걸림돌이 됩니다. 안정감을 주는 평생직장을 갖고 그걸 이용해 부자가 되려고 시도하는 것은 결코 쉽지 않을 것입니다.

견고함은 시간으로 빚어진다

시드머니는 어떻게 만들어야 할까요? 운이 좋아 부모님이 선뜻 몇 억 원을 주셨다는 분들도 있고, 정말 운이 좋아 코인으로 수천만 원을 벌어 시드머니를 모았다고 이야기하는 분들도 있습니다. 돈에 꼬리표가 붙은 것도 아닌데 시드머니가 무슨 퀄리티가 다르기에 견고하니 마니를 따지냐고 묻는 분들도 있습니다. 그러나 시드머니에도 퀄리티 차이가 있습니다. 그것도 매우 중요한 차이가 있습니다.

저는 여러분에게 시드머니를 모으되 여러분의 노동소득을 착실히 모아 만들 것을, 그것도 어느 정도 시간을 들여 만들 것을 권합니다. 타인의 호의로 만든 시드머니는, 일확천금의 행운으로 만든 시드머니는 바람에 날리는 홑이불처럼 펄럭거립니다.

반대로 시간을 갖고 한 푼 두 푼 모은 시드머니는 그 자체가 무게감을 가집니다. 한 푼 두 푼 모으라고 했다고 그저 은행에 쌓이는 돈의 크기에만 집착하라는 말이 아닙니다. 충분한 시간 동안 돈을 다루는 기술을 습득하고 연마하는 사람에게 그 시드머니는 본인 스스로를 지켜주며 고지를 점령할 수 있는 효과적인 무기가 되어줍니다. 돈 자체도 견고해야 하지만 그 돈을 다루는 실력도 견고해야 한다는 뜻입니다.

시간을 가지고 투자의 전선에 뛰어들 날을 준비합시다. 전쟁에 나서는 전사는 충분한 탄약과 연발 사격이 가능한 기관총을 준비하고 중무장한 적의 무리를 초토화시킬 중화기도 준비해야 합니다. 그러한 무기 체계를 가지고 적진을 명중시킬 기술과 담력을 길러야 합니다. 도상훈련도 실제 전쟁처럼 기밀하게 작전을 짜면서 실전 훈련에 임해야 합니다. 양질의 콘텐츠를 가까이 하고 실력 있는 투자자와 교류하며 나름의 투자관을 세워야 합니다. 필요하면 일정 금액을 월 적립식으로 투자하며 실행력을 기르고 시행착오를 최소화해야 합니다. 적어도 1~2년의 시간이 우리의 투자를 견고하게 만들어줄 것입니다.

종종 작은 돈으로 투자를 시작해 큰 부를 일군 사람들의 성공 신화를 부러워하고 스스로도 그리 되기 위해 자신을 내모는 사람들이 있습니다. 물론 제 주변에도 전업투자를 통해 큰 부를 일구고 그 후에도 더 큰 자산을 모으는 데 성공한 선후배들이 있습니다. 하지만 저는 작은 돈으로 투자에 나서는 것을 경계하라고 이야기합니다.

몇 백만 원의 돈을 구해 투자하려는 사람들을 보면 대부분 비슷합니다. 남들이 모두 주식투자로 재미를 보고 있다고 하니 본인도 동참하는 경우, 가까운 지인이 "이 종목은 분명 대박이 날 거야"라고 권한 경우죠. 주식투자에 별다른 생각이 없었는데 그저 남의 말을 믿고 크지 않은 돈을 투자해 본인의 행운을 테스트해보려는 것입니다.

이런 경우는 투자에 성공하기 어렵습니다. 크지 않은 돈이기에, 지인의 귀띔에 의한 것이기에 포트폴리오는 물론이고 시기의 배분도 없이 이른바 몰빵 투자를 하는 것인데, 이 경우 대부분은 비자발적 장기 투자로 이어져 '역시 나는 주식은 아닌가봐' 하며 시장을 떠납니다.

반대로 이른바 '초심자의 행운'이 작동해 대박이 나는 경우도 있습니다. 그야말로 운이 좋은 경우입니다. 200만 원을 투자해 단기에 2배의 수익을 얻게 되었다고 가정합시다. 200만 원이 400만 원이 되면 행복하고 뿌듯할 것입니다. 그러나 그 순간은 그야말로 찰나에 그치며, 이런 후회를 하게 되죠.

'아, 내가 미쳤지. 왜 200만 원만 넣었을까? 영끌도 하고 빚투도 해서 2000만 원, 아니 2억 원을 넣었더라면 정말 좋았을 텐데!'

그리고 계좌에 있는 400만 원은 매우 작은 돈이라고 치부하고 여기저기에서 돈을 긁어모아 두 번째 투자에 나섭니다. 이번에도 몰빵 투자의 유혹에 넘어가 한 종목에만 투자하고 기도하기 시작합니다. 그런데 초심자의 행운은 반복되는 경우가 없습니다. 대체로 두 번째 투자에서 큰 손해를 보고 시장을 떠나거나 잘못된 투자 습관을 지속해나가다 결국 인생을 망칩니다.

왜 이런 일이 생기는 것일까요? 크고 견고한 시드머니와 그것을 운용할 만큼의 지혜가 준비되지 않았기 때문입니다. 누군가 저에게 투자를 성공시키는 여러 조건 중 한 가지만 꼽아 달라고 요청한다면 "느긋한 마음"이라고 대답할 것입니다. 조급해하지 않고 사고팔 때를 기다려야 투자에 성공할 수 있습니다. 오늘 이 주식을 사지 못하면 영원히 사지 못할 것이고, 결국 자신만 가난해질 것이라는 이른바 'FOMO(Fear of Missing Out) 증후군'에 걸리면 투자는 실패로 끝납니다.

2021년 1월 저는 '삼프로 상담소'라는 프로그램을 만들었습니다. 정신과 전무의 윤대현 교수와 박세익 대표, 염승환 이사, 박병창 부장 같은 베테랑 투자자들을 모셔 주식투자에 실패한 가슴 아픈 사연들을 소개하고 상담해주는 프로그램이죠. 제가 이 프로그램을 만든 건 "지금이라도 주식을 사야겠어"라며 물불 가리지 않고 뛰어드는 사람들을 보며 2021년은 의욕을 고취하는 시기가 아니라 위로와 동행이 필요한 시기임을 알았기 때문입니다.

시장은 어떻게 되었나요? 8만 원대에 사지 못하면 영원히 사지 못할 것만 같던 삼성전자는 이른바 '6만전자'가 되었고, 3300포인트를 넘던 주가지수는 2022년 초부터 폭락을 거듭해 2600선까지 추락했습니다.

그래서 말씀드립니다. 우리가 살 주식은 하늘의 별처럼 많으며, 하늘의 별은 오늘도, 내일도, 그리고 내년에도 언제나 우리 머리 위에서 반짝일 것입니다. 더 중요한 건 그 하늘의 별이 예전엔 우리의 하늘에만 있었다면 이제는 미국의 하늘, 유럽의 하늘, 중국의 하늘, 인도의 하늘에도 있다는 것입니다. 그곳의 별까지 우리의 투자 대상이 되고 있으니 지금 주식을 사지 못하면 영원히 사지 못할 것이라는 잘못된 불안감에서 벗어나길 바랍니다. 돈이 없어 주식을 못 사지, 주식이 없어 사지 못할 일은 결코 없습니다.

나답게
투자한다는 것

제3장

투자란 무엇인가

투자의 '투' 자는 '던질 투(投)' 자를 사용합니다. 아마도 예전에 투전판에서 돈을 걸 때 돈을 던졌기 때문에 투자라는 말을 쓰게 되지 않았나 싶습니다. 사실 던지는 행위는 그 자체로 위험한 일입니다. 내 손을 떠난 공이 목표 지점에 제대로 도달할 확률은 크지 않습니다. 보통은 내 의도와 다른 곳으로 향하죠.

높은 연봉을 받는 투수들은 1년 열두 달 어떻게 하면 포수의 리드대로 스트라이크존에 공을 꽂아 넣을까만 생각하고 훈련을 합니다. 그들에게도 투구 자체는 참으로 어렵죠. 던지는 걸 업으로 하는 투수들도 그럴진대 우리의 던지기 행위는 어떨까요? 투자,

즉 돈을 던져 목표한 타깃을 명중시키는 일은 결코 쉽지 않습니다. 하물며 우리가 맞춰야 하는 목표물은 늘 이리저리로 요동치는 이른바 '무빙 타깃'입니다. 훨씬 더 어려울 수 있습니다.

투자는 결코 만만한 일이 아닙니다. 주식은 사면 오르거나 혹은 떨어지니 절반의 가능성이 있다고 생각하고 덤벼들면 필연적으로 큰코다치게 됩니다. 흔히 주식투자를 동전 던지기에 비교합니다. 동전을 던지는 횟수가 많을수록 앞면이 나올 가능성과 뒷면이 나올 가능성이 같아지듯 50%의 가능성이 있다는 것입니다. 그런데 동전 던지기와 다르게 주식투자의 성공 확률은 횟수를 거듭할수록 조금씩 높아집니다. 시장에 오래 머물러야 그만큼 성공 가능성이 크다는 뜻입니다. 제가 크고 견고한 시드머니를 준비하고 그것을 굴릴 수 있는 지혜를 모으라고 하는 건 여러분이 투자의 세계에 오래 머물길 바라기 때문입니다.

흔히 투자와 상반된 말로 '투기'라는 단어를 사용합니다. 투자와 투기를 구분하는 척도는 여러 가지가 있는데, 저의 구분점은 가격이 궁극적으로 가치에 수렴하는가의 여부입니다. 제가 금이나 가상자산 투자에 소극적인 이유는 아무리 생각해도 가치와 가격 간의 합리적 괴리를 파악할 수 없기 때문입니다. 수요와 공급의 변화에 의해 가격이 결정된다면 저는 어떤 경우에도 그 자산의 장기적인 가치 판단을 할 수 없을 것입니다.

예를 들어 일정량의 금을 갖고 있는데 페루나 칠레에서 엄청난 규모의 금광이 발견됐다는 뉴스를 듣게 된다면 금을 팔게 될 것입니다. 반대로 중국과 인도의 인구가 크게 늘어 금 장신구 수요가 급증한다는 객관적인 증거가 있다면 금을 보유하거나 더 살 수도 있을 것입니다. 그러나 그런 정보를 접하게 될 때는 금값이 이미 올랐거나 내렸을 것입니다. 수요와 공급이 중요하지 않은 건 아니지만 지속적으로 투자할 수 있는 완벽한 전제 조건은 되지 않습니다. 가치투자의 구루(guru)들이 원자재나 암호화 자산 투자에 부정적인 이유는 그 자체로서의 가치를 가늠하기 어렵기 때문입니다.

그렇다면 무엇에 의지해 투자해야 할까요? 여러 가지가 있겠지만, 중요한 요소를 딱 꼽으라고 한다면 '나라면 이러한 사업을 할까?' 하는 비즈니스 모델과 밸류에이션입니다.

돈 되는 비즈니스 모델과 밸류에이션

2007년 아이폰이 세상에 처음 등장했을 때를 아직도 선명하게 기억합니다. 당시 뉴욕에서 신발 장사를 하던 저는 어떻게 하면 신발 비즈니스가 태생적으로 갖는 한계인 저마진과 재고 부담으로부터 벗어날 수 있을까를 고민하고 있었습니다.

일단 재고 문제는 잘 팔리는 신발만 가져다 파는 전략으로 어느 정도 해결이 되었습니다. 보통의 신발 비즈니스는 대충 이렇습니다. 예를 들어 나이키 라이선스가 있다면 대체로 6개월 전에 그들의 생산 스케줄에 맞춰 선주문을 합니다. 물론 누구나 사고 싶어하는 핫 아이템을 많이 확보하려면 내키지 않는 신발을 포함해 미니멈 오더를 유지해야 합니다. 이때 전형적인 갑을 관계가 생기죠.

신발 비즈니스의 성패는 어쩔 수 없이 떠안게 되는 악성 재고를 어떻게 처리하느냐로 결정된다 해도 과언이 아닙니다. 나이키 세일즈맨들과 돈독한 관계를 맺어 좋은 신발과 나쁜 신발의 비율을 조절하는 것도 방법이지만, 이 경우에도 비용이 상당히 들어갑니다. 어떤 사람들은 나이키와의 관계를 그대로 라이선스가 없는 사람에게 적용해 재고를 처리하기도 합니다. 그러나 이는 결국 자신의 비즈니스를 다운사이징(downsizing, 기업의 업무나 조직의 규모 따위를 축소하는 일)해야 하는 결과를 초래하므로 영속적인 방법은 아닙니다. 결론적으로 쉽지 않습니다.

저는 이런 상황을 미리 파악하고, 나이키와 관계를 맺는 것보다 미국 전역에서 판매 부진에 시달리고 있는 나이키 리테일러를 상대로 제가 원하는 물건만 사다가 재고 없이 파는 것이 오히려 장기적으로 비즈니스를 발전시키는 일이라고 판단했습니다. 우리나라야 워낙 좁고 인터넷을 통해 균일한 가격에 사고파는 것이 익숙

하지만 2000년대 중반 미국만 하더라도 이른바 정보의 비대칭성이 존재했고, 지역과 인종에 따라 선호하는 신발이 달랐기에 저에게는 기회로 보였습니다.

예를 들어 흑인 지역에서는 없어서 못 파는 신발이 중부 내륙 백인 지역에서는 손도 대지 않는 경우가 있었습니다. 그 지역 리테일러도 흑인 지역에서 핫한 아이템을 주문할 권리가 있었지만 당연히 주문하지 않았고, 이렇게 남는 물량은 흑인 지역 리테일러 중 누군가가 나이키와의 관계를 통해 더 많이 갖게 되는 구조였습니다.

저는 제가 원하는 신발들을 원하지 않는 사람들과 관계를 맺어서 매우 적은 수수료를 내고 규모 있게 확보했습니다. 그들 입장에서는 나이키와의 관계를 유지하기 위해 미니멈 오더를 채워야 했기에 돈을 많이 남기진 못하더라도 제게 넘기는 것이 유익했습니다. 저는 그러한 비즈니스 파트너들을 통해 미국 전역으로 활동 범위를 넓혀가며 매출을 늘리면서도 재고가 없는 비즈니스를 할 수 있었습니다.

뉴욕 뉴저지 지역의 오래된 신발 가게는 대체로 2~3만 켤레의 재고를 유지합니다. 10년, 20년 된 재고까지 가지고 장사를 하는 경우도 많습니다. 유목민 출신 아랍 비즈니스맨들은 단 1달러만 남아도 재고를 떨어 없앱니다. 유목민에게 커다란 짐은 생사를 결정하는 장애물이 될 수도 있기 때문입니다. 반면 한국과 중국같이 농경을 하며 정주하는 민족들은 많은 재고를 자랑으로 삼습니다.

하루는 제 가게의 인근에서 꽤 큰 신발 가게를 몇 개나 운영하는 사장님이 찾아오셨습니다. 도대체 뭘 가져다 팔기에 이렇게 장사가 잘되는지 궁금해서 왔다며 신발 창고를 보여줄 수 있느냐고 물었습니다. 아는 분이기도 했고, 비교적 먼 거리를 달려온 선배 사업가였기에 내키지는 않았지만 신발 창고를 보여드렸습니다. 그때 그분이 저에게 던진 한마디는 아직도 잊히지가 않습니다.

"미스터 김이 사업가인 줄 알았더니 사기꾼이구먼. 신발 가게에 신발이 없는데 무슨 신발 사업을 한다는 거지?"

반은 농담이었겠지만 그분은 나름 진지했을 것입니다. 당시 제 신발 창고에는 신발이 900켤레 정도밖에 없었습니다. 많이 팔면 하루에 50~60켤레가 나가는데 재고가 900켤레라는 건 사실상 재고가 없다는 이야기입니다. 그러나 저는 단 한 켤레도 팔리지 않는 악성 재고는 가지고 있지 않았고, 매주 새로운 스타일의 핫한 아이템들이 미국 곳곳의 백인 지역에 있는 파트너들에게서 배달되고 있었기에 귀중한 돈을 수만 켤레의 재고에 투자할 이유가 없었습니다. 사실 900켤레도 적지 않은 재고라고 생각했지만 예의상 "그러게요, 사장님. 아직 제가 신발 장사한다고 명함을 내보일 정도는 아니죠. 많이 가르쳐주세요" 하며 그분을 배웅했습니다.

이렇게 재고 관리를 하면서 인근에서 가장 큰 매출을 올리던 제가 큰 충격을 받은 일이 있었습니다. 2007년 초에 맨해튼을 지나다 우연히 애플스토어를 보게 된 것입니다. 매장은 이미 문을 닫았는데 사람들이 그 큰 빌딩을 빙 둘러 줄을 서 있었습니다. 알고 보니 하루에 한정 수량만 판매하는 아이폰을 손에 넣기 위해 다음 날 아침 문이 열리기만을 기다리는 사람들이었습니다.

아무리 그래도 휴대폰을 사기 위해 밤을 새워 줄을 선다는 게 이해가 되지 않았습니다. 그런데 더 알아보니 500달러 하는 아이폰을 사면 600달러에 되팔 수 있었습니다. 프리미엄이 붙는 거죠. 그러고 보니 줄을 서 있는 사람은 대부분 어린 학생들이었습니다. 같은 리테일러로서 자존심이 상했습니다. 재고 관리를 잘한다고 생각했는데 애플스토어는 아예 없어서 못 파는 장사를 하고 있었던 것입니다. 충격과 함께 저의 비즈니스 모델을 돌아보게 되었습니다.

그러고 보니 제가 하는 사업은 매우 위험한 비즈니스 모델이었습니다. 정보의 비대칭성은 인터넷과 모바일, 즉 애플의 아이폰을 통해 급격히 해소되어가고 있었고, 저와 같은 생각을 하는 더 젊은 비즈니스맨들이 곧 나올 참이었습니다. 아이폰을 만든 애플의 스티브 잡스(Steve Jobs)가 부러웠습니다. 저도 애플 같은 사업을 하고 싶었습니다. 그러나 기껏해야 수백만 달러 정도의 매출을 내는 신발 장사가 어떻게 그와 같은 비즈니스를 할 수 있겠습니까? 저의 처지가 참으로 처량하게 느껴졌습니다.

지금 생각해보면 그때가 어쩌면 제가 거부가 될 수 있었던 순간이지 않았나 싶습니다. 그날 바로 애플 주식을 샀더라면 말이죠. 계산해보니 애플 주가는 그때보다(그 사이 두 차례의 액면분할을 했고, 이를 감안해서 계산을 때) 40배 가까이 올랐습니다. 그동안의 배당을 감안하면 수익률은 훨씬 더 높을 것입니다. 만약 그때 애플 주식을 1억 원어치 샀다면 지금 그 가치는 40억 원을 훌쩍 뛰어넘었을 것입니다. 스티브 잡스와의 동업을 통해, 팀 쿡(Tim Cook)과의 동업을 통해 자산이 40배 이상 불어났을 테죠. 누구라도 하고 싶은 사업의 동업자가 되어 견고한 경제적 해자가 주는 안전한 수익률 40배를 누릴 수 있었을 것입니다.

물론 저는 결행하지 않았고, 애플 주가가 한참 오른 뒤에야 그 사업에 동참했습니다. 하지만 그마저도 애플과의 동업을 너무 빨리 청산해 지금은 애플과 인연이 없습니다.

투자는 사실 좋은 비즈니스 모델과의 동업입니다. 물론 당시에도, 지금도 애플의 재무제표를 반영한 밸류에이션이 동업의 시작과 종료를 결심하는 기준이 될 것입니다. 내가 산 애플 주식을 누군가가 더 비싸게 사줄 것이라는 수요와 공급도 중요하지만, 사실 투자의 관건은 비즈니스 모델과 밸류에이션입니다. 투자는 수요와 공급에 대한 전망에 기대어 샀다 팔았다 하는 행위를 반복하는 것이 아니라 좋은 비즈니스 모델과 그 비즈니스의 주체인 경영자와의 동업이며, 그 동업의 시기를 결정하는 것이 밸류에이션입니다.

언제 사고 언제 팔 것인가

동업에도 좋은 시기가 있습니다. 내가 치킨 가게를 운영하고 있다고 가정해봅시다. 동네에 치킨 가게가 하나도 없는데 이제 막 이웃들이 치킨을 먹기 시작했고, 새로운 아파트가 속속 들어서면서 인구가 늘고 있어 치킨이 잘 팔릴 것 같습니다. 아무도 하고 있지 않으니 기존 치킨 가게를 살 필요도 없어 비용이 많이 들어가지 않는 가게를 하나 얻어 창업했습니다. 그런데 장사가 잘된다는 소문이 돌면서 인근에 치킨 가게가 하나둘 생기는 겁니다. 내가 하는 프랜차이즈보다 더 큰 업체가 막대한 광고비를 써가며 열을 올리니 매출이 줄지는 않았지만 매출이 늘어나는 속도는 많이 줄어들었습니다. 하지만 동네가 계속해서 커지고 치킨의 인기는 더 높아져 간혹 이 치킨 가게를 팔 생각이 없냐는 문의를 받기도 합니다. 기분이 좋습니다.

그런데 어느 날 중개업소에서 이 치킨 가게를 지금 판다면 3억 원의 권리금을 준다고 합니다. 치킨 가게를 차릴 때 튀김기를 비롯한 장비 일체와 인테리어 비용으로 5000만 원을 썼고, 매달 500만 원의 순이익을 올리고 있다고 가정합시다. 500만 원의 순이익을 올리고 있으니 1년이면 6000만 원의 현금 흐름을 만들고, 앞으로 5년 동안 이 일을 계속하면 그 돈은 3억 원이 될 것입니다. 가게를 팔 이유가 없다고 생각할 수 있습니다.

여기서 한 가지 조건을 더 생각해봅시다. 매달 500만 원의 수익을 얻기 위해선 나와 나의 아내가 휴일도 없이 일을 해야 합니다. 치킨 가게를 인수하려는 사람도 마찬가지라면 과연 이 가게를 인수할까요? 물론 가게를 인수해 매달 700만 원, 1000만 원의 순이익을 올릴 비책이 있다면 그래도 되지만, 한두 명의 종업원을 둔 스몰 비즈니스는 그 정도의 경영혁신을 할 여유가 없습니다. 그러니 가게 주인인 나는 당연히 가게를 파는 걸 심각하게 생각해봐야 합니다. 주식으로 치면 매도 시점에 대한 고민이라 할 수 있습니다.

투자를 동업이라고 하는 저의 생각에 동의한다면 정말 쉬운 투자가 몇 가지 있습니다. 1년 전쯤 한 방송에서 진행자가 미국 주식 투자를 처음 하는 분들이 살 만한 주식을 추천해달라고 요청한 적이 있습니다. 진행자가 시청률 때문에 어지간히 스트레스를 받았던 모양입니다. 많은 사람이 알고 있듯 저는 어떤 방송에서도 구체적인 종목을 이야기하지 않습니다. 잘 모르기도 하지만 방송을 만들고 있는 시점과 많은 사람이 그 방송을 보는 시점이 다를 텐데, 어떻게 종목을 이야기할 수 있을까요?

그런데 그날의 질문은 '지금'이 아닌, '미국 주식투자를 처음 하는 분들'이라는 전제가 있었기에 버크셔 해서웨이(Berkshire Hathaway)를 추천했습니다. 조금의 후회가 없었던 건 아니지만 1년이 지난 지금도 같은 질문에 답해야 한다면 그리 이야기할 것입니다.

수많은 사람이 오마하의 현인 워런 버핏(Warren Buffett)의 투자 방법을 배우고자 많은 책을 읽고 방송도 챙겨 봅니다. 그를 한 명의 투자자가 아닌 '현인'이라 부르며 추앙하기까지 하죠. 매년 열리는 버크셔 해서웨이의 주주총회에 참석하고자 주주가 되는 사람을 보기도 했습니다. 제가 미국 주식을 잘 모른다는 분들에게 버크셔 해서웨이에 장기 투자하라고 말하는 이유는 이 회사의 실적이 바로 워런 버핏이 이야기하는 투자방법론과 철학이 대부분 투영된 결과물이기 때문입니다. 워런 버핏을 존경하는 마음에 그의 투자 방법을 배우고자 그 많은 시간과 정력을 쓸 거라면 동시에 버크셔 해서웨이의 주식을 사는 게 더 좋지 않을까요? 무수한 시간을 들여 그의 투자방법론과 철학을 공부하고 정작 투자는 전혀 다른 종목에 하는 경우를 많이 봐왔기에 하는 말입니다.

그럼 버크셔 해서웨이의 주식을 언제 사고 언제 팔아야 할까요? 워런 버핏을 신뢰하게 되었을 때 사고, 혹시라도 그 신뢰가 깨졌을 때 팔아야 하지 않을까요? 물론 모든 재산을 투자하지 않고 포트폴리오의 하나로 가지고 있다면 말입니다.

결국 사고파는 시점은 크게 중요하지 않다는 이야기입니다. 물론 앞서 소개한 치킨 가게의 예처럼 많은 사람이 관심을 보이기 전에 사고, 많은 사람이 사려고 해 가격이 오르면 팔아야 한다고 하지만, 솔직히 언제가 바닥이고 언제가 꼭지인지 현실적으로 알 방법이 없습니다. 주식시장에는 언제나 과도한 탐욕과 과도한 공포가 존재하고, 정작 가격을 결정하는 것은 우리의 비이성적 감정인 경우가 대부분이기 때문입니다. 그래서 저는 언제 사고 언제 파는가에 많은 시간과 정력을 쓰지 않습니다. 다만 몇 가지 원칙을 세워놓고 지키려고 노력할 뿐입니다.

나의 3가지 매수·매도 원칙

제1원칙은 '빠지는 날에 사고 오르는 날에 파는 것'입니다. 100% 지키지는 못했지만 최대한 지키려고 노력하는 가장 중요한 원칙입니다. 그것도 많이 오른 날에 팔고, 많이 빠진 날에 사려고 노력해야 합니다. 결코 쉽지 않습니다. 폭락하는 날 매수 버튼을 누르는 것은 한두 번은 가능하지만 다음 날도, 또 그다음 날도 빠지면 여간해서는 용기가 나지 않습니다. 그럼에도 매수·매도의 제 1원칙 '빠지는 날에 사고 오르는 날에 판다'만 지켜도 여러분의 장기 수익률은 상당히 좋아질 것입니다. 당장 실천해보라고 권하고 싶습니다.

제2원칙은 '철저하게 나누어 사고파는 것'입니다. 방송에서도 한두 차례 이야기했지만 (주로 정프로를 교육시키기 위해) 저는 어떤 경우에도 한 번에 사거나 팔지 않습니다. 단 한 번의 예외도 없다고 자신합니다. 적어도 10일, 길면 20일 정도에 나누어 사고 나누어 팝니다. 제1원칙을 지키다 보면 이 원칙도 지키게 되어 있습니다. 그래서 저는 사자마자 크게 오르거나 팔자마자 크게 내려도 즐겁지 않습니다. 앞으로도 더 사야 할 돈과 더 팔아야 할 주식이 있기 때문입니다.

"김프로야 한 종목에 들어가는 돈이 크니 10일, 20일이지 우리 같은 개인 투자자들은 겨우 몇 천만 원어치 사는데 무슨 분할 매수, 분할매도를 해?"라고 이야기하는 분들도 계실 겁니다. 천만의 말씀입니다. 저는 1996년 이후 제대로 투자를 하기 시작하면서부터 이 원칙을 예외 없이 지켜오고 있고, 앞으로도 지킬 것입니다. 왜일까요? 수익률, 즉 결과가 좋았기 때문입니다. 길게 나누어 산 종목들의 결과가 비교적 짧게 나누어 산 종목들의 결과보다 좋았기 때문에 가급적이면 긴 호흡으로 나누어 삽니다. 팔 때는 살 때에 비해 조금 짧게 나누어 팔고요.

동업을 그만두기로 했는데 정리 기간을 너무 길게 가져가는 건 예의가 아닐 뿐만 아니라, 다른 목표를 달성했거나 그 목표를 포기한 상태이기에 너무 긴 분할은 오히려 좋지 않습니다. 10일에 나누어 샀다면 대체로 5일에 나누어 팝니다.

최근 10년 사이에 가장 큰 수익을 낸 종목을 예로 들어 설명해보겠습니다. 코스닥에 케이아이앤엑스라는 종목이 있습니다. 클라우드를 주비즈니스 모델로 하는 알짜 기업입니다. 지인에게 처음 이 기업의 이야기를 듣고 며칠 동안 기업의 비즈니스 모델을 연구해보니 앞으로의 성장성과 수익성이 좋을 것이라는 확신이 들었습니다.

2016년 초 당시 주가는 1만 4000원 정도였습니다. 정해진 수량을 계획대로 열흘에 나누어 샀는데 주가가 계속 빠져 1만 2000원 선까지 떨어졌습니다. 수익률은 -10~15%였습니다. 그럼에도 공부를 하면 할수록 싸다는 생각이 들었습니다. 물론 회사에 전화도 해보고 몇몇 지인에게 검증도 받아보았습니다.

이번에는 -3% 이상 하락하는 날마다 매일 일정 금액을 샀습니다. 아무리 코스닥이지만 -3%는 흔한 일이 아닙니다. 하지만 거의 1년 동안 그런 경우엔 예외 없이 미리 정해놓은 수량을 샀습니다. 당연히 평균 단가는 더 낮아졌고, 이듬해 2017년 초부터 오르기 시작한 주식은 최고점이 10만 원에 달했습니다. 물론 저는 그보다 아래 가격에 서너 번에 나누어 팔아 상당한 수익을 냈는데, 아마 이것이 가장 오랫동안 나누어 산 종목일 것입니다.

이렇게 긴 기간 동안 나누어 사면 수익률에도 도움이 되고 마음에 여유가 생깁니다. 주가의 단기 등락에 일희일비하지 않아도 되기에 수시로 스마트폰을 열어볼 필요도 없고, 사고파는 시간이 길어지다 보니 그 회사에 더 관심을 갖고 공부하게 된다는 점이 좋았습니다. 모두 그런 건 아니지만 경험적으로 대체로 길게 나누어 산 종목의 수익률이 높았다는 건 분명히 말할 수 있습니다. 그러니 작으면 작은 대로 나누어 사보기 바랍니다. 여러분의 투자가 훨씬 품격 있어지는 것은 물론, 수익률도 좋아질 것입니다.

그래도 언제 사야 하냐고 묻는 분들에게 알려드리는 제3원칙은 '시간을 정해놓고 사는 것'입니다. 바쁜 방송 일정과 일과 때문에 주식시장을 하루에 한 번도 살피지 못하고 지나치는 경우도 있습니다. 대부분의 투자자도 그럴 것입니다. 그럼에도 주식을 사고 팔아야 한다면 시간을 정해놓고 해보라고 권하고 싶습니다.

저는 요즘 같은 약세장에서 주식을 살 때는 오후 3시에 그날 사야 할 주식과 수량을 정해서 삽니다. 약세장 기간에는 대체로 전강후약, 즉 후장이 더 싼 경우가 확률적으로 많기 때문입니다. 반대로 주식을 팔 때는 오전 10시에 팝니다. 상대적으로 강세시장에

오래 머무르면 성공 확률이 높아집니다

065

주식을 팔기 위해서입니다. 만약 시장이 지금 같지 않고 2021년 상반기나 2020년 같은 강세시장이라면 거꾸로 해야 합니다. 주식을 살 때는 오전 10시에, 팔 때는 오후 3시에 주문을 냅니다. 간혹 그렇게 하지 않는 경우도 있지만, 대체로 이 원칙대로 하려고 노력합니다.

정말 원시적인 방법이죠? "내가 김프로에게 이런 팁이나 받으려고 이 책을 읽는 줄 알아?" 하고 힐난하시는 분들도 있을지 모르겠습니다. 그러나 30여 년 동안 주식투자를 해오면서 터득한 저만의 매매 기법이니 여러분도 한번 실천해보시길 권합니다.

제1원칙, 빠지는 날에 사고 오르는 날에 판다. 제2원칙, 철저하게 나누어 사고판다. 다만 살 때 더 많이 나눈다. 제3원칙, 시간을 정해놓고 사고팔되 약세장과 강세장을 구분해 유리한 시간대에 매수·매도한다.

3가지 원칙은 간단해서 실천하기도 쉬울 것입니다. 반드시 실행해보십시오. 여러분의 주식투자가 훨씬 품격 있게 변할 것입니다.

소음과 정보를 가리는 방법

'삼프로TV'의 전신인 '경제의 신과 함께'가 세상에 나온 지도 벌써 4년이 훌쩍 지났습니다. 아직도 그날의 흥분을 잊을 수가 없습니다. 정규 방송이 아닌 팟캐스트를 처음 녹음한 2018년 1월 17일 오후, 홍대 앞 팟빵 지하 녹음실은 지금도 선명하게 기억이 납니다.

그날의 주제는 당시 가장 뜨거웠던 비트코인 투자였습니다. 지금은 은퇴한, 우리나라 최초의 코인 거래소를 만들었던 김진화 이사와 지금도 암호화 자산을 주제로 연구하고 있는 김열매 연구원과 함께 첫 방송을 시작했습니다. 주제가 주제였던지라 반응은 우리가 생각했던 것보다 더 뜨거웠고, 다음 방송이 부동산, 주식 등으로 이어지면서 정말 빨리, 많은 청취자와 함께할 수 있었습니다.

지금도 기억에 남는 출연자가 많습니다. 개인 투자자 정채진 프로, 한양대학교 임형록 교수, 한화투자증권 김일구 상무, 바람의숲 김철광님, 지금은 지구본연구소로 유명한 최준영 박사, 명지대학교 김두얼 교수, 그리고 우리 삼프로 이코노미스트로 인생 3막을 시작하신 김한진 박사님을 비롯한 수많은 애널리스트, 펀드매니저, 트레이더분들이 있었기에 오늘날의 '삼프로TV'가 존재할 수 있었습니다. 이 자리를 빌려 감사의 마음을 전합니다. 일일이 호명하지는 않았지만 정말 많은 분이 함께해주셨습니다. 감사합니다.

오래전부터 함께하신 청취자분들은 잘 아실 텐데, 앞서 언급한 분들은 물론이고 지금도 활발히 활동하고 계시는 홍춘욱 박사, 박세익 대표, 신환종 센터장, 윤지호 센터장, 고태봉 센터장을 비롯한 초기 출연자들이 팟캐스트 '경제의 신과 함께'와 '삼프로TV'에 나왔을 때 반응은 가히 폭발적이었습니다.

일주일 기다리는 것이 너무 힘드니 빨리 다음 방송을 올려달라는 요청이 쇄도해 급히 2부를 제작한 적도 있었고, 밤 10시에 녹음이 끝나면 12시에 편집을 마치고 부랴부랴 업로드한 적도 있었습니다. 그럴 때면 새벽 2~3시에 퇴근해야 했지만 그래도 호응이 있었기에 너무나 신이 났고 보람이 컸습니다.

그런데 지금은 똑같은 분들이 나와도 반응이 다소 시니컬할 때가 있습니다. '경제의 신과 함께'를 통해 처음으로 그분들을 세상에 알렸을 때, 처음 그때의 흥분이 사라졌기 때문입니다. 제가 생각하기에 그분들의 콘텐츠는 더 진화하고 발전했습니다. 하지만 많은 구독자들이 그분들의 콘텐츠에 익숙해진 까닭에 초기의 흥분이 잦아들고 비판이 추가된 것이라고 생각합니다. 초심을 잃었거나 콘텐츠의 질이 저하된 것이 아니라 대중들, 바로 여러분의 눈높이가 높아졌습니다. 이는 여러분의 투자 안목이 그만큼 성장했다는 뜻입니다. 사람인지라 비판의 댓글을 보면 속상할 때도 있지만, 구독자 여러분의 성장 지표로 받아들이며 그다음 발판을 만들기 위해 노력하고 있습니다.

삼프로의 역할, 그중에서도 저의 역할이 변화되었습니다. 삼프로TV는 제가 만들었지만 멤버 구성이 참 좋습니다. 금융 전문가인 김프로, 최고의 경제 기자이자 미성의 라디오 진행자인 이프로, 팟캐스트계의 백종원이라 불릴 정도로 다양한 지식과 순발력, 좋은 보이스를 가진 정프로! 이 세 사람의 조합이 참 좋다는 평이 많았고, 그 힘으로 오늘날의 '삼프로'가 만들어졌는지도 모릅니다.

그중에서 저, 김프로의 역할은 어려운 용어나 꼭 알아두면 좋은 지식이 나올 때 친절하게 부연 설명을 해주는 것으로 자리 잡았습니다. 예를 들어 한 패널이 '미국의 지난 2월 PMI'라고 이야기하면 많은 청취자가 PMI가 무엇인지 궁금할 것이라 생각했습니다. 그때 그 의미를 자연스럽게 설명해주면 청취자들이 김프로가 자세히 설명해주니 도움이 된다고, 고맙다고 응원해주었습니다.

그런데 요즘은 조금 다릅니다. 그 정도는 알고 있으니 끼어들지 말라고 말씀하시는 분들이 많아졌습니다. 가끔은 김이 빠지기도 하지만 한편으로는 흐뭇합니다. 저의 역할이 축소될수록 우리 시청자들의 수준이 높아졌다고 생각하며 그러려니 합니다. 더 좋은 출연자를 섭외하기 위해 힘쓰기도 하고, 정프로보다 더 큰 재미를 드리기 위해 아재개그를 하기도 하는데, 나름 재미있습니다.

많은 분들이 '삼프로TV'가 새로운 장을 열었다고 말씀하십니다. 그만큼 비슷한 콘텐츠와 채널이 많아졌다는 이야기이기도 하죠. 그러다 보니 간혹 정말 보면 안 되는 콘텐츠가 눈에 들어오기도 합니다. 다른 사람이 만든 콘텐츠를 함부로 이야기하는 건 싫지만 정말 독약 같은 콘텐츠들이 제법 많이 만들어지고 있습니다. 그런 콘텐츠들의 공통점은 매우 자극적이라는 것입니다.

'삼프로TV'도 어쩔 수 없이 썸네일이나 타이틀을 다소 과장되게 표현하는 경우가 있습니다. 솔직히 말해 콘텐츠가 정말 좋은데 구글 알고리즘이 간택하지 않아 더 널리 전파되지 않을 때 인간적인 마음에서 조금 오버하기도 합니다. 그러나 우리 '삼프로TV'는 다른 의도를 가지고 일부러 왜곡하고 호도하는 경우는 결코 없습니다.

절대로 봐서는 안 되는 콘텐츠들이 화려한 썸네일과 마케팅을 무기로 우리 주변에 범람하기 시작했습니다. 솔직히 예능이나 먹방 같은 콘텐츠는 질이 조금 떨어져도 우리에게 큰 피해를 끼치지 않지만, 돈을 다루는 경제 콘텐츠는 잘못 보면 돈을 날리는 것은 물론이고 인생이 황폐해질 수 있기에 정말 신중하게 선택해야 합니다.

책도 마찬가지입니다. 가끔 대형 서점에 가면 '어떻게 이런 책을 버젓이, 그것도 엄청나게 큰 매대에 쌓아두고 마케팅을 하는 거지?'라는 생각이 들 정도로 민망한 책들이 많습니다. 그런 책들은 의도를 가진 소음이라 할 수 있습니다.

오해하지 않길 바랍니다. 지금 쓰고 있는 저의 글은 탁월하고 다른 사람의 글은 수준이 떨어진다는 말이 아닙니다. 선한 의도가 아닌 나쁜 의도로 쓰인 글과 콘텐츠를 구분해야 한다는 말입니다. 지금 이 글이 여러분의 수준에 맞는지는 잘 모르겠지만, 저는 조금이라도 도움이 됐으면 하는 마음에 휴일도 반납하고 땀을 뻘뻘 흘리며 키보드를 두드리고 있습니다.

소음이 될 확률이 높은 콘텐츠들의 공통점은 자극적이고 명령조라는 것입니다. 그리고 극도로 부정적이거나 극도로 낙관적입니다. 위기, 폭락, 대박, 붕괴, 마지막 기회 등의 용어를 쓰는 경우도 많습니다. 특히 극도로 부정적인 위기를 조장하는 콘텐츠는 가급적 피하라고 이야기하고 싶습니다. 위기는 그리 자주 오지 않으며, IMF를 경험한 우리는 일종의 트라우마가 존재하기에 다른 나라 국민들보다 위기 마케팅에 취약한 편입니다.

또 한 가지, 저는 '몇 년 만에 얼마를 벌었다', '무엇을 통해 얼마를 벌었다'로 시작하는 책이나 콘텐츠는 피할 것을 권합니다. 그가 정말 그런 성과를 얻었다면 몇 년 안에, 어떤 특정 방법으로 돈을 벌었는지 쉽게 이야기하지 않을 것입니다.

제 주변에 투자를 통해 큰 자산을 모은 사람이 많은데, 그들은 기간을 특정하거나 자산을 구분해 자신의 노하우를 말하지 않을 뿐만 아니라 그것을 책이나 콘텐츠로 만들어 돈을 벌 생각을 하는 경우가 거의 없습니다. 그저 자신의 소중한 경험을 많은 사람에게 나누되, 그 경험을 담담하게 이야기할 뿐입니다. 그것을 마치 비법을 전수하듯 이야기하는 경우는 대부분 의도된 소음일 가능성이 큽니다.

더불어 여러분은 가급적이면 다양한 양질의 콘텐츠를 접하길 바랍니다. 특정 콘텐츠를 정기적으로 보고 듣는다면 반대쪽 논리를 제시하는 콘텐츠도 접하는 것이 좋습니다. 일방적인 논조나 근거에 경도되면 큰 실수를 할 수도 있기 때문이다.

무엇을 위해 투자하는가

제 주변에는 더 이상 스트레스를 받으면서 투자하지 않아도 될 분인데 계속해서 투자를 하시는 분들이 있습니다. 투자를 통해 천억 원대 자산을 모았지만 여전히 이 어려운 장에서 투자를 이어가며 수익을 내려고 노력하는 분들을 보며 왜 아까운 시간을 스트레스를 받으면서 보내는지 의문이 든 적이 있습니다. 실제로 몇몇 분에게 그 이유를 여쭤보기도 했는데, 돌아오는 대답은 한결같았습니다.

"투자보다 더 즐거운 일을 찾지 못했어요."

그분들은 투자를 즐기며, 투자를 통해 세상과 만나고 스스로의 존재를 확인했습니다. 투자라는 창을 통해 세상을 보면 훨씬 더 명료해 보이고, 그 명료함을 투자에 적용하면 더 큰돈을 벌 수도 있습니다.

반대로 투자가 괴로운 사람들도 있습니다. 그들은 보통 이렇게 이야기합니다.

"돈을 벌기 위해 어쩔 수 없이 주식투자를 하는 거야. 목표한 돈만 벌면 뒤도 안 돌아보고 이 시장을 떠날 거야."

그중 실제로 목표를 달성한 사람은 흔치 않을 뿐만 아니라 시장을 떠난 사람은 더 드뭅니다.

만약 주식투자를 하는데 주가가 오르는 며칠을 제외하고 나머지는 참기 힘들 정도로 고통스럽다면 일단 투자를 멈추기를 권합니다. 체질상 투자가 맞지 않거나 투자를 잘못 배웠거나 둘 중 하나일 가능성이 큽니다. 체질적으로 투자가 맞지 않는 분들도 많습니다. 불확실한 것을 참지 못하고 매사 완벽함을 추구하는 분들 중에 주식을 경원시하는 분들이 많은 편입니다. 돈이 있으면 안전한 부동산을 사지 왜 주식투자를 하느냐고 말씀하시는 분도 있습니다.

강남 요지에 1000억 원대 빌딩을 4개나 가지고 계신 자산가분과 식사를 한 적이 있습니다. 그분의 직원들을 대상으로 재테크 강연을 하고 난 뒤였는데, 1시간 가까이 강연을 들으셨음에도 본인은 사실 주식투자를 하는 사람이 이해가 되지 않는다고 스스럼없이 이야기하셨습니다. 그분이 소유한 빌딩에서 강연과 식사를 했기에 우리의 대화는 자연스럽게 어떻게 강남에만 4개의 빌딩을 소유하게 된 건지, 주식투자를 하지 않는 이유는 무엇인지로 이어졌습니다.

그분도 아주 젊었을 때는 주식투자를 했는데 지인에게 사기 비슷한 것을 당했고 크게 손해를 본 뒤로는 주식 근처에도 가지 않았다고 합니다. 그리고 IMF 때와 같은 위기 국면에서 대출을 최대한 받아 헐값에 나온 빌딩을 사기 시작했는데 빌딩 가격이 크게 오르면서 담보가치가 오르면 또 대출을 받아 상대적으로 싸게 나온 빌딩을 사는 식으로 무려 4000억 원대 빌딩을 소유하게 되었다고 합니다.

그분의 무용담 아닌 무용담을 듣다 보니 부동산이라고는 지금 살고 있는 아파트 한 채가 전부인 저로서는 조금 부럽기도 했습니다. 예전에 한창 돈을 잘 벌 때 대출과 전세를 끼고 건물을 사두었다면 지금쯤 100억 원은 벌었을 거란 생각을 잠시 하기도 했습니다. 그런데 이어진 그분의 이야기를 들으며 그저 주식투자를 하길 잘했다는 생각을 했습니다.

그분은 무려 10년간 세무 조사를 받았고, 그 많은 세입자가 하루걸러 다양한 민원을 제기하고, 철철이 수리도 해야 하고 신경 쓸 일이 한두 가지가 아니라고 이야기했습니다. 처음에는 불이라도 나면 어쩌나 걱정이 되어 잠을 설치기도 했다는 그분의 이야기를 부자의 엄살로만 받아들일 수 없었습니다.

저는 다시 태어나도 주식을 비롯한 금융투자를 하지 빌딩이나 아파트 같은 부동산투자에 자산을 묶어두지 않을 것입니다. '조물주 위에 건물주'라는 말도 있으니 가끔은 후손들에게 물려줄 너른 땅을 가져보고 싶다는 생각을 할 때도 있지만 아마 그런 시도는 죽을 때까지 하지 않을 듯합니다.

저에게는 여전히 주식투자와 채권 금융상품에 대한 투자가 더 매력적입니다. 요즘처럼 장이 좋지 않을 때는 힘들고 어렵지만, 그래도 30여 년 이어온 투자 여정에서 갖춰진 인내심과 성찰이 계속해서 투자를 하게 만듭니다. 투자가 천직인지는 모르겠지만 투자를 배제한 삶은 상상하기 어렵습니다.

사람마다 투자 성향은 다를 수 있습니다. 다만 주식투자든 부동산투자든 초기의 특별한 경험들이 각각의 투자에 깊은 선입견을 낳고 그 선입견 때문에 반대쪽 투자를 멀리하게 될 수도 있습니다. 우리는 여러 투자에 대해 호방한 자세를 취해야 합니다. 부동산투자로 자산을 늘린 사람들을 불로소득으로 자수성가했다고 비난할 이유도 없고, 주식투자자들을 철없는 모험가로 폄하할 이유도 없으며, 예금이나 채권투자 같은 안전한 투자를 선호하는 이들을 쫄보, 혹은 그릇이 작은 겁쟁이라고 비난할 이유도 없습니다.

그들만의 독특한 경험이나 기질이 낳은 결과이기 때문입니다.

다만 명심할 것은 어떤 한 자산에 올인하거나 과도한 배분, 혹은 레버리지를 일으키는 것은 궁극적으로 위험하다는 것입니다. 주식, 채권, 부동산, 혹은 기타 자산으로 효율적으로 배분하는 것이 중요합니다. 경제 여건에 따라, 그리고 자신의 생애주기와 인생의 이벤트에 따라 적절히 자산 비중을 조절하며 전체 수익률을 관리해야 합니다.

만약 자신은 주식투자가 잘 맞는다고 생각한다면 주식 공부에 더 많은 시간을 쓰기 바랍니다. 투자를 시작하는 초기에 공부량을 늘려야 합니다. 더불어 훌륭한 투자 자세를 가진 지인들과 건전한 교류를 통해 여러분의 투자를 점검받길 권합니다.

워런 버핏과 찰리 멍거(Charles Munger)를 보며 저는 늘 도전받습니다. 세계 최고의 부자인 이 두 분의 나이는 모두 90세가 넘고, 찰리 멍거는 100세를 앞두고 있습니다. 그들은 여전히 건강하게 주식투자를 하고 있습니다. 아무리 건강하다 한들 물리적으로 남은 생애의 끝이 보일 텐데도 투자를 멈출 생각이 없는 것 같아 보입니다.

그들은 왜 그토록 열심히 투자를 하는 것일까요? 더 많은 돈을 모아 자녀들에게 물려주기 위함도, 더 많은 선행을 하기 위함도 아닙니다. 그저 투자가 본인들의 일이고, 그 일에 최선을 다하고 있는 것 뿐입니다. 수많은 사람을 고용하고, 많은 투자자를 동업자로 모시고 있는 것도 그들이 투자를 이어가는 이유 중 하나일 겁니다.

여러분에게도 주식투자가 부디 즐거운 일이기를 바랍니다. 제 게 있어 투자는 80%는 즐거운 일, 나머지 20%는 괴로운 일입니다. 이것이 직장생활의 대부분을 채권투자와 관련된 일을 한 이유, 기대수익률은 그리 높지 않지만 마이너스가 나면 남보다 더 힘든 이유입니다. 그런데 나이가 들수록 주식투자가 재미있고, 큰 변동 성에 시달려도 예전처럼 초조하거나 불안하지 않습니다. 아무래도 '평생 주식투자를 할 건데 뭐!' 이런 생각을 하기 시작한 것 같습니다. 무리하지 않고 있다는 증거이기도 하죠. 화려한 수익을 내지는 못하지만 투자를 하면서 방송에 더 집중할 수 있고, 투자자들과 함 께 호흡할 수도 있기에 투자가 더 즐겁고 중요해지는 듯합니다.

저는 나 자신과 가족을 위해, 그리고 가장 중요하게 생각하는 '삼프로TV'를 위해 투자하고 있습니다. 앞으로도 계속 투자할 것 입니다. 여러분도 여러분의 투자를 한 번쯤 돌아보길 바랍니다. 여 러분의 투자가 행복하기를, 더불어 성공적이기를 기원합니다.

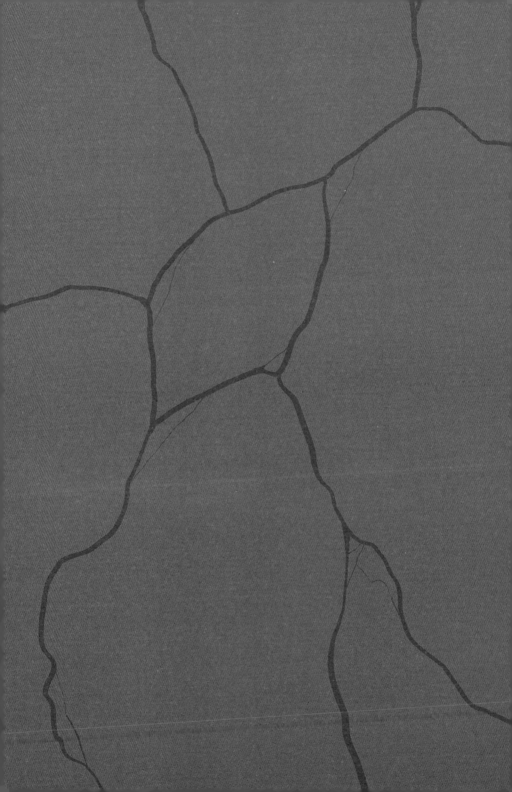

Change / Survival

"긍정 에너지로 가득찬
변화 사냥꾼이 됩시다"

박세익

투자를
업으로 하는
사람

제4장

성장하며 깨달은 여러 가지 원칙들

'변화와 생존'이라는 무거운 주제를 가지고 저는 이 책에서 다음과 같이 네 가지 이야기를 풀어보고자 합니다. 제4장은 적성의 발견입니다. 제가 어떻게 투자에 관심을 갖게 되었고, 또 어떤 동기로 유학을 가게 되었는지 적어 놓았습니다. 제5장은 저의 조직생활 원칙과 철학, 리더쉽에 대한 이야기입니다. 이직률이 높은 자산운용업계에서 안정적으로 운용팀을 이끌면서 팀원들의 역량을 최대한 발휘할 수 있게 만든 저만의 독특한 조직관리 방법과 노하우를 구체적으로 나열해 놓았습니다. 제6장에는 제가 28년간 펀드매니저로 일하면서 깨닫게 된 여러 가지 투자 원칙과 철학, 덕목, 생존 전략, 멘탈관리 방법에 대해 적어 놓았습니다. 그리고 마지막 제7장에서는 상장기업의 물적분할과 횡령 사건 등으로 신뢰가 무너지고 있는 작금의 대한민국 주식시장에 대한 해결 방안을 제시하였습니다.

적성의 발견

1991년 대학교 3학년 때의 일입니다. 저는 경영학과 내 학술 동아리 Top-zone(최고 경영자 그룹이라는 'Top Management Zone'에서 따온 이름)의 학술부장으로 동아리 최대 행사였던 학술제를 준비하게 되었습니다. 제가 1, 2학년일 때는 관습적으로 내려오던 전통에 따라 '모의주주총회'를 학술제의 대표 행사로 개최했습니다. 그 당시 이화여대에서도 학술제 행사로 모의주주총회를 개최해 경영학과 학술 교류 차원에서 구경을 갔던 기억이 납니다.

저는 학술제 준비위원장으로서 그동안 관례처럼 치러졌던 모의주주총회보다 좀 더 아카데믹하고 실용적인 학술제를 개최하고 싶었습니다. 그래서 동아리 회원들에게 국제재무관리 시간에 어렴풋이 배운 '파생상품(derivatives)'에 대해 공부해보자고 제안했습니다. 당시 국내 주식시장에는 선물, 옵션과 같은 파생상품이 도입되지 않았습니다. 하지만 미국만 하더라도 파생상품시장 규모가 현물시장보다 4배나 컸기 때문에 국내 주식시장에도 파생상품을 도입해야 한다는 이야기가 조금씩 나오기 시작했습니다.

저는 주가지수선물과 같은 파생상품이 국내 주식시장에도 곧 도입될 가능성이 높으니 경영학과 학도로서 파생상품에 대해 공부하며 최소한의 준비를 해야 하지 않겠느냐고 주장했고, 결국 모두의 동의를 얻어 학술제 주제를 '선물(先物)의 이해'로 결정했습니다.

그 당시 일반 서점에는 파생상품에 관한 책이 거의 없었습니다. 그래서 우리는 대부분의 자료를 서초동 국립도서관과 바로 옆 건물에 있는 조달청에서 지원을 받았습니다. 그때 조달청 선물매매 관련 부서에서 매우 귀중한 원서를 몇 권 지원받기도 했습니다.

저는 그렇게 수집한 자료를 바탕으로 의기양양하게 학술제를 준비하기 시작했습니다. 하지만 재무관리 책에 나오는 주식, 채권, 외환 등에 관한 각종 난해한 투자론을 제대로 이해하지 못하는 후배들과 국내에 도입도 되지 않은 파생상품을 공부하고 발표 자료를 만드는 일은 결코 쉽지 않았습니다. 주가지수선물을 공부하면서 '도대체 어떻게 매도를 먼저 할 수 있는가'를 가지고 3시간 이상 토론하며 논쟁을 벌이기도 했습니다. (대부분의 파생상품은 매도 포지션을 먼저 잡은 후 환매수를 하면서 포지션을 청산할 수 있습니다. 주식의 공매도와 비슷한 개념입니다. 예를 들어, 코스피지수가 떨어질 것이라 예상하면 코스피지수 선물을 먼저 매도하고, 지수가 하락한 이후 그 포지션을 되사서 청산하면 수익을 낼 수 있습니다.)

우리나라에 주가지수선물제도가 도입된 것은 1996년, 옵션이 도입된 것은 그다음 해인 1997년입니다. 학술제를 준비했던 1991년에 우리에게 직접 선물매매를 할 수 있는 기회가 있었다면 단 한 번의 실전 매매를 통해 '지수가 떨어질 것으로 예상이 될 경우 매도를 먼저 하고, 나중에 지수가 하락하면 환매수를 해 돈을 번다'라는 개념을 단번에 깨달았을 것입니다.

우리는 2달이 넘도록 '매도 후 환매수 청산', '매수 후 청산 매도', '현물과 선물 간의 괴리를 나타내는 베이시스(basis)', '베이시스를 결정하는 여러 가지 요인', '백워데이션(backwardation)', '콘탱고(contango)', '콜옵션(call options)', '풋옵션(put options)', '옵션가격결정모델' 등 파생상품의 기초를 이해하기 위한 시간을 보냈습니다.

이렇게 파생상품의 기초를 어렵게 마스터한 우리는 4명의 주제 발표자를 정했습니다. 91학번 후배가 '선물매매란 무엇인가'를 주제로 발표를 시작해 제가 마지막에 '국내 파생상품시장의 도입과 고찰'이라는 주제로 발표를 하기로 했습니다. 학술제는 꽤 성공적으로 끝이 났습니다. 학술제를 참관하신 지도 교수님은 그해 투자론 수업에 파생상품 챕터가 나오자 이렇게 말씀하셨습니다.

"파생상품 부분은 나보다 박세익 학생이 더 잘 설명할 수 있을 것 같네요. 박세익 학생이 나와 이 부분 강의를 해주세요."

교수님의 갑작스러운 제안에 무척 당황했지만 한 시간 동안 재미있게 강의를 진행했습니다. 저는 그때의 학술제가 펀드매니저로서의 제 인생을 만든 첫걸음이었다고 생각합니다. 학술제 이후 재무관리는 저의 '최애 과목'이 되었고 대학을 졸업할 때까지 투자론과 관련된 수업이라면 닥치는 대로 신청해 들었습니다. 그때 앞으로 내가 먹고살 분야는 '투자'라는 사실을 깨달았고, 졸업 후 진로를 증권사나 운용사로 결정했습니다.

저는 지금도 대학 후배들이나 우리 회사에 주식투자를 배우고 싶다고 찾아오는 금융 교육생들에게 이렇게 말합니다.

"스물다섯 살 전에 내가 무엇을 좋아하는지, 무엇을 잘할 수 있는지 적성을 파악하는 데 힘을 쏟아야 합니다. 그러려면 다양한 도전과 경험을 해봐야 합니다. 직업을 선택할 때는 내가 좋아하는 일이 아니라 남들보다 경쟁력 있고 탁월한 성과를 낼 수 있는 일을 우선순위에 두어야 합니다. 사회는 냉혹합니다. 그래서 무조건 다른 사람들보다 잘할 수 있는 일을 해야 합니다. 그 일이 좋아서 하는 일이라면 정말 최고입니다. 그게 여러분의 적성이고, 열정이 됩니다."

외환위기와 유학생활

학술제를 성공리에 마친 뒤 동아리 선배와 저녁 식사를 함께

하고 있었는데 그 선배는 대뜸 저에게 유학을 가 MBA를 해보라고 조언을 해주었습니다. 그때까지 '유학'이라는 단어를 떠올려본 적이 없어 조금 당황하긴 했지만, 고등학교 때 공부를 열심히 하지 않은 것에 대한 후회가 가슴 한편을 차지하고 있던 터라 고민을 해보겠다고 대답했습니다.

몇 개월 동안 MBA에 관해 조사한 뒤 유학을 가기로 마음먹었습니다. 그런데 대부분의 미국 경영대학원은 최소 2~3년의 직장 경력을 요구했기 때문에 대학 졸업 후 2년 동안 증권업계에서 일한 뒤 유학가기로 계획을 세웠습니다. 직장에서 일을 하다 보면 제대로 유학 준비를 하지 못할 수도 있을 것이란 생각에 3학년 겨울방학 때부터 토플(TOEFL)과 GMAT(Graduate Management Admission Test, 미국경영대학원 입학시험)를 공부하며 조금씩 유학 준비를 시작했고, 1994년 상반기에 토플과 GMAT를 대충 끝낸 뒤 8월에 취직을 했습니다.

하지만 유학을 가는 건 생각보다 쉽지 않았습니다. 대학교 1~2학년 때 받은 낮은 학점이 걸림돌이 되었습니다. 유명한 경영대학원 대부분은 높은 GPA(Grade Point Average, 평균학점)를 요구하였기 때문에, B- 수준의 제 학점으로는 커트라인을 넘어서지 못하는 학교가 많았습니다. 1996년 가을 입학을 목표로 상위 30위 안에 이름을 올린 대학 중 15곳에 원서를 냈지만 단 한 군데에서도 입학허가서를 받지 못했습니다. 게다가 회사에 다니며 돈 좀 아껴보겠다고 유학원을 통하지 않고 에세이부터 입학 지원 서류까지 모두 혼자 준비했는데, 나중에 보니 참으로 허술하기 그지없었습니다. 그리고 함께 유학을 준비했던 친구들이 하나둘 유학을 포기하면서 '아, 나도 그냥 회사나 열심히 다닐까'라는 생각이 머릿속을 휘저었습니다. 특히 당시 재직 중이던 대유투자자문 사장님과 운용팀 부장님이 신임해주셨던지라 회사에 남고 싶은 마음도 컸습니다. 그렇게 1996년이 저물어가는데 뉴스에서 이상한 조짐들이 발견되기 시작했습니다.

1960년 이후 '한강의 기적'이라는 말이 나올 정도로 고성장을 지속해온 우리나라인데, 그동안 사용하지 않은 '명예퇴직', '조기퇴직'이란 단어가 뉴스에 등장하기 시작한 것입니다. 제가 입사한 1994~1995년 당시는 주식시장이 소위 말하는 실적 강세장 모습을 보였고, 미국 주식시장은 기술주 강세가 계속되면서 조정다운 조정 없는 강세장이 지속되는 상황이었습니다. 저는 위기 전조현상을 직감적으로 느끼고 빨리 유학을 다녀와야겠다고 생각했습니다. 그래서 1997년 2월 미련 없이 사표를 냈고, 입학 지원 서류를 받는 몇몇 학교에 서둘러 원서를 제출했습니다. 하지만 저의 애타는 마음과는 달리 지원한 모든 학교에서 불합격 통보를 받았습니다. 낙담하지 않을 수 없었습니다. 그런데 다행히도 얼마 지나지 않아 추가 합격되었다는 연락을 받게 되었고, 그렇게 힘들게 덴버 대학교 경영대학원에 입학할 수 있었습니다.

1997년 8월 원 달러 환율이 870원까지 치솟은 상황에서 유학을 갔는데, 그 당시 환율에 관한 일천한 지식으로 아버지에게 이렇게 말했던 기억이 납니다.

"지금 원 달러 환율은 단기 꼭지에 다다른 것 같아요. 그러니 한 학기 학비만 환전해주시고, 나중에 환율이 떨어지면 그때 학비를 또 보내주세요."

1970년대에 수출로 대통령 훈장까지 받으셨던 아버지는 언제나 그랬듯 아들의 의견을 존중해 제가 요청한 대로 유학자금을 준비해주셨습니다. 그런데 저의 환율 예측이 얼마나 어리석었는지 깨닫기까지는 그리 오랜 시간이 걸리지 않았습니다. 유학을 떠난 지 정확히 3개월 뒤 우리나라는 국제통화기금(IMF)에 구제금융을 신청했습니다. 실질적으로 국가부도 상태가 된 것입니다. 원 달러 환율은 저의 예측과 정확히 반대로 2000원까지 폭등했습니다.

금융시장은 어설픈 추측을 바탕으로 잘못된 의사결정을 내리면 반드시 대가를 치르게 됩니다. 그 당시 한 애널리스트가 멕시코 페소(pesos)부터 태국 바트(baht)까지 이머징마켓 통화가 무너지는 것이 예사롭지 않다고 말했는데, 대부분의 사람이 이를 대수롭게 여기지 않았습니다. 당시 아시아에 밀어닥친 외환위기는 2011년

3월에 발생한 동일본 대지진처럼 우리나라를 비롯해 아시아 국가들에 엄청난 사회적, 경제적 충격을 주는 거대한 쓰나미가 되어 많은 기업과 개인 신용을 파산시켰습니다.

1997년 12월 첫 학기가 끝난 뒤 태국에서 유학 온 한 친구가 유학생활을 접고 자국으로 돌아갔습니다. 저 또한 1800원까지 치솟은 환율에 아연실색하며 어떻게 위기를 돌파해야 할지 고민했습니다. 그리고 일단 미국에서 할 수 있는 아르바이트는 다 하기로 결정했습니다. 기숙사 프런트 데스크 아르바이트, 경영대학 전산실 TA(Teaching Assistant, 조교), 한국 교포나 유학생 자녀 수학 과외, 기업체 유급 인턴십 등 돈 되는 일이라면 정말 가리지 않고 다 했습니다. 그리고 1학기 기숙사 생활이 끝나자마자 보트피플(Boat People, 해로로 탈출한 베트남 난민) 출신 베트남계 미국인 친구와 함께 학교 근처에 있는 반지하 집으로 이사했습니다. 저는 어릴 때부터 비염과 천식을 앓았기에 반지하 집은 무조건 피해야 했지만, 예상과 다르게 유학자금이 3배 가까이 늘어난 상황에서 선택의 여지가 없었습니다.

이렇게 생활비를 최대한 줄이고 닥치는 대로 아르바이트를 했지만 가장 큰 비용인 학비는 어찌할 도리가 없었습니다. 그래서 학교 행정실을 찾아가 학자금 대출을 요청해보기로 했습니다. 일단 학교에서 대출을 받고 원 달러 환율이 안정된 후에 갚으면 되겠다

싶었습니다. 미국 학생들도 학자금 대출을 이용하고 취업을 한 뒤 조금씩 갚아 나가는 경우가 많았습니다. 그런데 기대감을 안고 찾아간 행정실에서 외국인 유학생은 대출을 받을 수 없다는 답을 들어야 했습니다. 혹시나 하는 희망을 가지고 찾아간 제가 망연자실한 표정으로 고개를 떨구자 행정실 직원은 의외의 이야기를 해주었습니다.

"우리는 이번 아시아 외환위기를 잘 알고 있어요. 그래서 아시아 외환위기를 겪고 있는 나라에서 온 유학생들은 학비를 졸업 전까지 납부할 수 있도록 유예 조치하기로 결정했습니다."

너무 놀라 "그게 사실인가요?"라고 묻자 그 직원은 이자도 없다며 환한 얼굴로 이렇게 말했습니다.

"Much better than student loan, huh?(학자금 대출보다 훨씬 낫지?)"

행정실에서 나오자마자 이 소식을 한국 유학생들에게 전해주었습니다. 그리고 시간이 지나면 환율이 떨어질 테니 최대한 늦게 등록금을 내자고 이야기했습니다. 부모님께도 이 소식을 전해 고환율로 학비를 환전해야 하는 부담을 덜어드렸습니다.

결국 저는 1999년 6월 졸업식 직전에 1400원 정도의 환율로 그동안 밀렸던 등록금을 모두 완납했습니다. 유학 전에 예상했던 환율보다는 2배가량 높았지만 여러 아르바이트를 하고 혹독한 긴축 소비 전략을 취한 덕분에 2년 동안 5000만 원 정도의 금액으로 무사히 유학을 마칠 수 있었습니다.

지금도 많은 사람이 저에게 본인 또는 자녀의 유학에 관한 실효성과 득실을 물어봅니다. 그럴 때마다 저는 "무조건 가세요!"라고 이야기합니다. 세계 유수의 경영대학원과 비교했을 때 우리나라 경영대학원의 수준도 절대 뒤떨어지지 않지만 배낭여행, 어학연수, 문화 체험 등 외국에서의 경험은 학문 그 이상의 가치를 안겨주기 때문입니다.

저는 유학생활을 통해 독립심, 긍정적이고 개방된 마음가짐, 존중과 배려심을 바탕으로 한 대화 에티켓, 창의적이고 비판적 사고방식을 배웠습니다. 인의예지신(仁義禮智信)을 강조하는 우리 문화에도 이런 가치들이 많이 녹아 있지만, 우리 사회의 효율성을 떨어뜨리는 '권위주의', '집단이기주의', '상명하복(上命下服)' 문화에 길들여져 있던 저에게는 유학생활이 새로운 가치관을 정립하는 데 많은 기여를 했습니다.

이 책을 빌려 그동안 천방지축 아들의 행보에 단 한 번도 "안 돼!"라고 이야기하지 않으시고 아들의 도전과 세계화(globalization)에 전폭적인 지원을 해주신 아버지께 진심으로 감사의 인사를 전합니다. 제가 지금 이 자리까지 올 수 있었던 것은 한결같이 아들을 믿어주신 아버지 덕분이었습니다.

시너지로
최고의 성과를
달성하라

제5장

나의 생존 도구는 '조직관리'

유학생활을 마치고 한국으로 돌아와 두 곳에서 면접을 보았습니다. 한 곳은 외환은행 기업금융 부서였고, 또 다른 한 곳은 신한투자신탁운용 주식운용팀(이하 '신한투신 주식팀')이었습니다. 면접과 신체검사는 외환은행이 먼저였지만, 최종 채용 결과 통보는 신한투신이 반나절 빨라 신한투신에 입사하게 되었습니다.

외환은행에서는 영어로 면접을 진행해 사실 무슨 말을 했는지 기억이 잘 나지 않지만, 신한투신에서의 면접 내용은 지금도 또렷이 기억에 남아 있습니다. 그중 가장 기억에 남는 질문은 '어떻게 신한투신 주식팀에 기여할 수 있는가'였는데, 저는 이렇게 대답했습니다.

"우리나라 주식투자자들은 국내 주식시장에서 영향력이 큰 외국인 매매 동향을 체크하면서 뒷북치는 매매를 하는 것 같아서 안타깝습니다. 저는 외국인들이 주로 이용하는 DCF(Discounted Cash Flow, 현금흐름할인) 모델을 바탕으로 외국인보다 먼저 국내 우량주를 선점하는 운용 시스템을 구축할 수 있도록 노력하겠습니다."

이후 당시 면접관이었던 기획팀 부장님이 저의 패기가 마음에 들어 높은 점수를 주었다고 말씀해주셨습니다.

저는 25년이 넘도록 자산운용업계에 종사하면서 스스로에게 '이 업계 펀드매니저들과 비교했을 때 나는 어떤 경쟁력을 가지고 있는가'를 끊임없이 물어봅니다. 저는 대단한 학벌을 갖고 있지도 않고, 엄청나게 영특한 머리를 갖고 있지도 않습니다. 누군가처럼 주식 관련 책을 몇백 권 읽지도 않았고, 대단한 운용 비법을 개발한 것도 아닙니다.

'자산운용업계에서 생존할 수 있는 나만의 차별화된 경쟁력은 무엇인가?'

지금 이 순간에도 저는 스스로에게 이 질문을 던지고 있습니다. 그 이유는 무엇일까요? 유튜브에서 투자 고수들의 영상을 접하거나 투자의 구루들이 쓴 책을 읽을 때마다 '세상에는 대단한 실력자들이 존재하고, 나는 아직도 모르는 것이 많다'는 사실을 깨달기 때문입니다. 그때마다 위기감을 느끼며 과연 나는 어떤 경쟁력을 가지고 있는지, 현재 어떤 수준의 투자를 하고 있는지 등을 점검합니다.

저는 자산운용업의 전문성 면에서 자타가 공인하는 2가지 장점을 가지고 있다고 생각합니다. 그것은 바로 조직관리와 시장을 분석하는 능력입니다. 우리 운용업계에는 펀드매니저, 애널리스트, 증권사 PB 및 연기금 관계자라면 모두 알고 있는 대스타 매니저가 있습니다. 바로 B자산운용의 P대표님인데요. 그분이 기록한 수많은 펀드 성과를 보면 경력 면에서나 운용 규모 면에서나 저와는 결코 비교가 되지 않습니다. 그야말로 거물 중에 거물입니다. 그런데 P대표님께서 몇 년 전 여의도의 한 펀드매니저 모임에서 이런 말씀을 해주셨습니다.

"여의도에서 조직관리와 시장분석은 박세익이 최고 같아!"

아마도 제가 인피니티투자자문에서 CIO로 일하면서 운용팀을 이끌어가는 동안 직원들의 이직률이 업계 최저 수준이었기 때문에 그렇게 말씀해주신 듯합니다. 그분의 말씀처럼 제가 정말로 최고인지 모르겠지만, 칭찬 받았던 저의 조직관리에 관한 몇 가지 노하우를 이야기해볼까 합니다.

조직관리의 2원칙

조직관리에 관한 저의 대원칙은 2가지입니다. 하나씩 살펴볼까요?

첫째, 다른 사람의 돈을 관리하는 펀드매니저는 자기관리가 철저해야 합니다. 사서삼경의 『대학(大學)』에 '수신제가(修身齊家) 치국평천하(治國平天下)'라는 고사성어가 나옵니다. 바로 이것이 펀드매니저가 가져야 할 가장 중요한 삶의 대원칙이라고 생각합니다. 펀드매니저가 좋은 성과를 내기 위해서는 자기 관리가 모든 일의 첫걸음이 되어야 한다고 믿습니다. 그래서 저는 다음과 같이 이야기하면서 우리 운용팀 직원들에게 자기 관리의 중요성을 강조하고 또 강조합니다.

"펀드매니저를 왜 'Fund Manager'라고 부를까요? 펀드매니저는 고수익만 내면 되는 것이 아니라 펀드 수익의 변동성 관리, 환금성 관리, 펀드 내 투자 기업의 부도 리스크 관리 등 다양한 관리 능력을 필요로 하기 때문입니다. 그런데 펀드매니저가 가장 중요한 건강 관리를 하지 못한다면 다른 사람의 돈을 관리할 자격이 있을까요? 미안한 말이지만 흡연자는 우리 회사에서 리서치나 마케팅은 할 수 있지만 펀드매니저는 될 수 없습니다."

다소 꼰대 같은 이야기로 들릴 수도 있지만 제가 자기 관리를 강조하는 이유는 펀드 운용에 있어 가장 중요한 것은 우선순위 파악과 꾸준한 실행능력이기 때문입니다. 펀드매니저가 제한된 시간과 자금으로 최상의 운용 성과를 달성하기 위해서는 현재 경제 상황에서 가장 우선으로 담아야 할 주식이 무엇인지를 끊임없이 고민하고 연구한 뒤 그 주식들을 과감하게 포트폴리오에 편입하는 실천력이 필요합니다. 그렇게 1년 365일 동안 최우선 편입 종목을 가려내고 포트폴리오에 반영하는 행위가 바로 펀드매니저가 하는 일입니다. 이런 일이 몸에 배어 있고 습관화되어 있는 사람이 장기적으로 우수한 성과를 낼 수 있습니다. 그래서 저는 자신의 인생에 가장 중요한 우선순위가 무엇인지를 모르거나 또는 알면서도 실천하지 못하는 사람은 고객의 소중한 자금을 관리할 자격이 없다고 생각하는 것입니다.

둘째, 저는 우리 회사에 입사한 직원이나 인턴십에 참가하는 교육생에게 존 고든(Jon Gordon)이 쓴 『에너지 버스』* 라는 책을 선물합니다. 이 책을 선물하는 이유는 팀의 리더가 어떤 원칙을 갖고 조직을 관리해야 하는지, 팀 구성원들은 자신이 속해 있는 가정,

* 존 고든, 유영만·이수경 옮김, 『에너지 버스』, 쌤앤파커스, 2019년, 특별판.

일터, 동호회, 단체 등에서 어떤 자세로 행동해야 하는지 등 중요한 원칙들이 담겨 있기 때문입니다. 누군가 저에게 인생 최고의 책이 무엇인지 물을 때면 주저하지 않고 이 책을 언급합니다. 그리고 이 책을 선물할 때마다 이렇게 이야기합니다.

"당신의 인생을 바꿔줄 책입니다."

『에너지 버스』에는 이런 글귀가 있습니다.

아인슈타인은 중요한 것은 에너지뿐이고, 우리가 보는 모든 물리적 사물과 우리 신체마저도 에너지로 이루어져 있다고 말했죠. 우리는 에너지로 가득 찬 세상에 살고 있어요. 인생의 모든 것도 결국 에너지고요.

우리 주변에도 왠지 같이 있으면 기운이 나는 사람이 있는가 하면, 왠지 자꾸 우리 에너지를 빼앗아가는 것 같은 사람이 있죠? 어떤 음식을 먹으면 속이 뿌듯하고 힘이 솟는데, 어떤 음식은 먹고 나면 더부룩하기만 하고 꾸벅꾸벅 잠만 오죠. 직장에서는 또 어떤가요? 에너지가 절로 불끈불끈 솟는 프로젝트가 있는가 하면, 왠지 하기도 싫고 조금 하다 보면 푹푹 지쳐 떨어지게 하는 일도 있잖아요. 모든 건 결국 에너지의 문제예요. 머릿속의 생각, 우리가 하는 말, 우리가 듣는 음악, 우리를 둘러싼 주변 사람들…… 어디든 에너지가 있어요.

앞서 언급한 아인슈타인의 에너지에 관한 이야기는 조직관리뿐 아니라 모든 투자의 기본입니다. 저 역시 이 세상은 에너지로 가득 차 있고, 모든 흥망성쇠의 근본적인 원인은 '에너지값'의 변화라고 생각합니다. 우리가 언제, 어디에 투자해야 하는지, 언제 빠져나와야 하는지에 관한 모든 판단 기준도 '내가 투자하는 자산의 에너지 변화'에 달려 있다고 믿습니다. 차트를 보는 이유는 그 기업 주가의 에너지를 파악하기 위함이고, 기업 탐방을 하는 이유는 비즈니스 역량, 관리 및 생산능력, 마케팅 능력 등 기업의 펀더멘털에 관한 에너지를 확인하기 위함입니다.

조직관리 관점에서의 에너지는 쉽게 말해 조직원들의 '사기(士氣)'라 할 수 있습니다. 『삼국지(三國志)』를 보면 군사들의 사기에 관한 단어가 끝도 없이 나옵니다. 수많은 전투 장면에서 어떻게 하면 우리 군사의 사기를 더 높이고, 적들의 사기를 꺾을 것인가에 관해 고민하는 이야기로 가득 차 있습니다.

제가 『에너지 버스』를 회사 직원들에게 필독서로 추천하는 이유는 회사의 분위기를 항상 '사기충천(士氣衝天)' 상태로 유지해야 하고, 그렇게 하기 위해서는 대표이사를 포함한 모든 임직원이 자신과 타인의 에너지를 부스트 업(boost up)시킬 수 있는 '에너지 CEO'가 되어야 한다고 생각하기 때문입니다.

존 고든은 우리 삶과 일터, 그리고 직장 동료들에게 긍정 에너

존 고든의 긍정 에너지를 위한 10가지 규칙

1. 당신 버스의 운전사는 당신 자신이다.
2. 당신의 버스를 올바른 방향으로 이끄는 것은 '열망', '비전', 그리고 '집중'이다.
3. 당신의 버스를 '긍정 에너지'라는 연료로 가득 채워라.
4. 당신의 버스에 사람들을 초대하라. 그리고 목적지를 향한 당신의 비전에 그들을 동참시켜라.
5. 버스에 타지 않은 사람들에게 에너지를 낭비하지 마라.
6. 당신의 버스에 '에너지 뱀파이어 탑승 금지' 표지판을 붙여라.
7. 승객들이 당신의 버스에 타고 있는 동안 그들을 매료시킬 열정과 에너지를 뿜어라.
8. 당신의 승객들을 사랑하라.
9. 목표를 갖고 운전하라.
10. 버스를 타고 있는 동안 즐겨라.

지를 주입할 수 있는 10가지 규칙을 제시했습니다.

저는 2006년에 『에너지 버스』를 처음 읽고 그 후부터 이 10가지 규칙을 삶의 주요 원칙으로 삼았습니다. 어떤 조직에서 활동하든 에너지 CEO가 되기 위해 노력했고, 회사에서 운용본부장으로서 팀을 이끌 때도 팀 분위기가 긍정 에너지로 가득 찰 수 있도록 다양한 룰을 만들어 팀을 관리했습니다.

팀을 긍정 에너지로 채우는
5가지 실천 기술

지금부터는 팀 분위기를 긍정 에너지로 가득 채우는 저의 몇 가지 기술을 소개할까 합니다. 이 기술들이 비즈니스의 성격과 팀 규모에 따라 최선의 방법이 아닐 수도 있지만, 소규모 조직에서는 나름 효과를 발휘했으므로 도움이 될 것이라 생각합니다.

① 지각생 관리 방법

저희 팀은 매일 아침 7시 40분이면 모닝 미팅을 진행하는데, 습관적으로 지각을 하는 몇 사람 때문에 미팅 분위기가 다운되곤 했습니다.

몇몇 사람의 습관적 지각은 여러 가지 부정 에너지를 양산합니다. 일단 일찍 출근해 충실하게 회의를 준비하고 회의 시간에 맞춰 자리에 앉아 기다리는 팀원들은 늦게 출근하는 사람들 때문에 내 소중한 시간을 빼앗겼다는 피해의식이 생기게 됩니다. 그리고 팀의 리더는 지각생 때문에 "도대체 너는 왜 맨날 그 모양이야!", "제발 일찍 좀 다녀!" 등 아침부터 부정 에너지를 양산하는 잔소리를 하게 됩니다.

이런 부정 에너지가 아침부터 싹트기 시작하면 하루 일과에 큰 영향을 줄 수밖에 없습니다. 이는 긍정 에너지가 많이 요구되는 투자회사에서는 더욱더 중요한 문제입니다. 부정의 프레임으로 세상을 바라보면 투자에 자신감이 없어지고 소극적으로 대응하게 됩니다. 이런 이유로 한 명의 지각생이 전체 펀드 운용에 악영향을 미치는 나비효과*가 발생하게 되므로 습관적 지각생으로부터 발생하는 부정 에너지를 긍정 에너지로 바꿀 필요가 있었습니다.

여러분도 습관적으로 지각하는 사람들에게 잔소리는 아무 효과가 없다는 사실을 잘 알고 있을 것입니다. 습관적으로 지각하는 사람은 집이 멀어서가 아니라 몸에 배인 나쁜 버릇 때문이므로 야단을 쳐도 얼마 지나지 않아 또다시 지각합니다. 그래서 훈계보다는 지각생으로 인해 발생하는 부정 에너지를 긍정 에너지로 전환하는 방법을 고안해냈습니다. 바로 '상벌금제도'입니다. 시간대별로 지각 벌금을 다원화해 회의에 늦게 참석할수록 벌금이 누진되도록 만들었습니다. 벌금은 월간 종합 평가 시스템에 반영해 그 달 성과가 좋은 팀원에게 주어지는 상금의 재원으로 활용했습니다.

지각생들의 벌금이 성실한 팀원의 상금으로 돌아가자 팀원들

◆ 나비효과(butterfly effect): 미국의 기상학자 에드워드 로렌스(Edward Lawrence)가 처음 사용한 용어로, 초기 조건의 사소한 변화와 차이가 전체에 막대한 영향을 미칠 수 있음을 뜻하는 말이다. 최근 호주는 미국 주도의 4개국 안보협 체제(쿼드)에 가입했다. 그로 인해 중국은 호주산 석탄 수입을 금지했고, 이는 기후 문제와 맞물리며 대대적 석탄 부족 사태와 요소수 대란을 일으켰다. 이러한 현상도 일종의 '나비효과'로 볼 수 있다.

간의 질책과 비난의 마음이 사라졌습니다. 예전에는 누군가가 지각을 하면 한심하다는 표정으로 비난의 눈빛을 쏘아댔지만, 지금은 "지각비 내줘서 고마워" 하며 사랑의 눈빛을 보냅니다. 저 역시 아침부터 짜증스런 목소리로 잔소리를 하는 대신 "김 과장, 지각비 많이 내줘서 고마워" 하며 농담을 건넵니다. 지각을 한 팀원도 벌금을 내기 때문에 다른 팀원들에게 조금 덜 미안해하며 회의에 참여하고, 팀원들도 웃으며 회의를 이어나가니 일석이조가 아닐 수 없습니다. 이렇게 저는 지각생으로 인해 발생하는 비난과 멸시의 에너지를 웃음과 애정의 에너지로 바꿔놓을 수 있었습니다.

참고로 지각을 가장 많이 한 사람은 다름 아닌 저와 부사장님이었습니다. 대부분의 조직은 상사가 실수를 하면 팀원들이 지적을 하지 못합니다. 그리고 윗사람은 '내 눈 안의 대들보'는 보지 못하고 팀원들의 티끌에 대해서는 지나치게 잔소리를 합니다. 그렇게 되면 상사와 부하 직원들 사이에 존경과 공동체 의식이 사라지고, 피해 의식과 반항심만 커지게 됩니다. 그래서 저는 직급에 상관없이 공정하게 적용되는 여러 가지 규칙과 제도를 만들어서 사소한 문제에서 발생할 수도 있는 부정 에너지를 원천 차단하고 팀 분위기를 늘 밝게 유지했습니다.

② 회의 방법

중요한 의사결정을 하는 여러 가지 회의(會議)가 팀원들의 소중한 시간과 에너지를 소모적으로 사용하는 회의(懷疑)적인 회의가 되지 않게 만드는 것이 중요합니다. 그래서 저는 바텀업(bottom up) 방식으로 회의를 진행합니다. 이런 방식을 도입한 이유는 우리나라의 회의 문화가 상명하달(上命下達) 식으로 진행되다 보니 아랫사람 입장에서는 매우 수동적이고 소모적인 시간이 되어버리는 경우가 많기 때문입니다. 저 역시 주니어 시절 여러 회사를 거치며 수많은 회의에 참석했는데 대부분의 회의가 사장님이나 운용본부장님의 주도하에 이루어졌고, 윗사람에 의해 이미 결론이 나 있는 회의를 하는 경우도 많았습니다.

회의를 주관하는 CEO나 CIO가 강력한 카리스마를 가진 분일수록 아랫사람은 이렇게 말하게 됩니다.

"네, 저도 사장님과 의견이 같습니다."

"지금 이 시점에는 본부장님 말씀처럼 대응하는 게 맞다고 봅니다."

저도 그런 경험이 있습니다. 카리스마가 강한 사장님이 계셨던 운용사에서 근무한 적이 있는데 수동적인 분위기가 매우 심했습니다. 아침 회의가 시작되면 사장님이 20분 정도 현재 시장 상황과 대응 전략에 대해 당신의 생각을 먼저 말씀하셨습니다. 그러면 펀드매니저들은 대부분 자신 역시 사장님과 비슷한 생각을 했음을 강조하며 발표를 이어나갔습니다. 그런 회의에 몇 년 동안 참석하면서 저는 이렇게 다짐했습니다.

'내가 만약 운용본부장이 되면 나는 회의 때 제일 마지막에 발언해야겠다.'

그리고 현재 그 다짐을 지키고 있습니다. 이러한 회의 방식은 2가지 긍정적인 효과를 불러일으킵니다.

첫째, 팀원들의 다양한 의견을 충분히 들을 수 있습니다. 특히 경험이 적은 주니어 매니저들의 의견에서 참신한 아이디어를 많이 얻을 수 있습니다. 저를 포함한 시니어 매니저들은 고정관념과 선입견에 사로잡혀 있는 경우가 많습니다. 그래서 임원급 매니저들은 새로운 산업 트렌드나 신기술을 접하면 과거 실패 사례를 줄줄이 나열하며 부정적인 관점으로 의견을 개진하곤 합니다. 하지만 주식시장은 부정적 고정관념에 사로잡힌 일부 투자자의 의견과 상관없이 신기술의 성장 스토리에 열광하고, 새로운 혁신 기업들이 주식시장의 주도주로 자리 잡는 경우가 허다합니다.

나이가 들수록 신기술을 받아들일 수 있는 분석력과 집중력, 순발력이 떨어지기 마련입니다. 그래서 성장주가 주도하는 장에서는 투자 경력이 2~3년 정도로 짧은 '용대리(실패 경험이 없어서 비싼 가격임에도 용감하게 주식을 사는 주니어 매니저들을 일컫는 말)'들의 운용 성과가 가장 좋습니다. 반면 성장주가 무너지는 장에서는 그동안 성장주 잔치에서 소외되었던 시니어 매니저들의 목소리가 커집니다.

"거 봐! 내가 조심하라고 했지?"

모든 주니어 매니저가 공격적이고, 모든 시니어 매니저가 보수적인 것은 아니지만 주식시장은 분명 이 2가지 성격을 모두 갖고 있기 때문에 운용본부장은 양쪽 의견에 항상 귀를 기울여야 합니다.

인사권과 펀드 운용 배분권을 가지고 있는 CIO가 팀원들의 의견을 무시하고 본인 성향에 치우친 운용을 하면 운용사는 자칫 큰 위험에 빠질 수 있습니다. 보수적인 CIO는 강세장에서, 공격적인 CIO는 약세장에서 펀드 성과가 망가지고, 성장주를 좋아하는 CIO는 가치주가 주도하는 장에서, 가치주를 좋아하는 CIO는 성장주가 주도하는 장에서 고생을 하게 됩니다. 특히 우리나라처럼 단기 성과에 의해 자금이 들어왔다 나갔다 하는 구조에서는 1~2년 부진한 운용 성과를 기록하면 회사의 존립이 위태로워지는 경우도 많습니다. 따라서 운용본부장은 팀원들의 의견에 항상 귀를 기울이고, 다양한 목소리를 낼 수 있는 회의 분위기를 조성하는 것이 중요합니다.

둘째, 잔소리를 줄일 수 있습니다. 대부분의 사람은 나이가 들수록 노파심이 늘어나고, 그로 인해 잔소리를 많이 합니다. 이는 직장뿐 아니라 가정에서도 마찬가지입니다. 팀원들이나 자식들에 대한 걱정과 사랑의 마음으로 이야기하는 것인데, 상대방에게는 그저 꼰대가 하는 잔소리로 들립니다. 왜 그럴까요? 이유는 단순합니다. 너무 여러 번 이야기하기 때문입니다.

저 역시 나이가 50이 넘어가면서 '혹시 내가 지나치게 잔소리를 하는 건 아닐까?' 하고 걱정하곤 합니다. 그리고 늘 조심하려고 노력합니다. 그런데 이게 참 어렵습니다. 말을 하면서 상대가 나의 이야기를 어떻게 받아들일지 계속 눈치를 살필 수도 없고, 표정 변화가 없는 사람의 마음을 읽기는 더더욱 어렵기 때문입니다. 그래서 제가 내린 결론은 바로 이것입니다.

'나이가 들수록 입은 닫고 지갑은 열어라.'

많은 사람이 한 번쯤 이 말을 들어보았을 것입니다. 저 역시 모임에 참석해보면 우리 사회의 문제점과 나라의 미래를 걱정하며 열변을 토하는 선배들보다는 조용히 미소 지으며 다른 사람의 이야기를 경청해주고 촌철살인 같은 조언이나 핵심적인 아이디어를 슬며시 얘기해주는 분들이 존경스럽게 느껴집니다.

회의 시간에 가장 늦게 발언하는 방법은 저로 하여금 잠재적인 잔소리를 자연스럽게 줄여주고, 짧은 시간에 핵심만 간단하게 이야기하도록 만들어줍니다. 아침 7시 40분에 회의를 시작해 제가 이야기해야 할 차례가 되면 9시 즈음이 됩니다. 9시에 주식시장이 개장되면 투자자들이 전일 폐장 이후 나온 여러 가지 뉴스와 이슈들을 어떻게 생각하고 대응하는지 관찰하면서 내가 예측한 시장 반응과 실제 대중들의 반응을 비교 분석해야 합니다. 주식시장이 자신의 생각과 비슷하게 움직이면 운용 전략에 큰 변화를 주지 않아도 되지만, 전혀 생각하지 못한 방향으로 흘러가면 그 원인을 빠르게 분석해 대응 전략을 수정해야 합니다. 그래서 저는 개장 후한 시간 동안은 매니저들이 자리를 비우거나 간식을 먹는 것도 금하고 있습니다. 그렇다 보니 아침 회의 때 제가 마지막으로 발언을할 순서가 되면 개장 시간이 임박한 경우가 대부분입니다. 이때 저는 "9시가 다 되어가니 오늘 회의는 여기서 끝내겠습니다"라고 회의 종료 발언을 한 뒤 회의를 마칩니다.

회의 시간에 팀원들의 발표 내용을 듣다 보면 저의 생각을 이야기해주고 싶은 마음이 굴뚝같지만, 지나고 보면 이미 회의 시간에 여러 차례 이야기한 내용인 경우가 많습니다. 특히 시장이 제가 이야기한 대로 움직이는데, 매니저들의 포트폴리오가 따라오지 못할 때는 잔소리가 더욱더 많아집니다. 하지만 시간이 지나고 보면 그런 잔소리가 가장 심할 때가 시장의 변곡점인 경우가 대부분이고 그런 잔소리는 하지 않은 것보다 못한 결과를 가져오는 경우가 허다합니다.

직장에서나 가정에서나 윗사람의 노파심에 의한 잔소리는 한 달에 한 번 정도면 족합니다. 자식들이나 젊은 직원들이 우리보다 훨씬 합리적이고 효율적으로 일을 하는 경우가 많다는 사실을 깨달을 필요가 있습니다.

③ 효과적으로 이끄는 법

일을 하다 보면 팀의 리더로서 팀 분위기를 망치는 직원을 훈계해야 하는 일이 종종 발생합니다. 이는 가정에서도 마찬가지입니다. '매를 아끼면 아이를 망친다'라는 속담도 있듯이 야단을 치지 않고서는 아이를 제대로 키울 수 없습니다. 그런데 훈계 방법이 올바르지 못하면 아이를 망칠 뿐만 아니라 행복한 가정을 깨뜨릴 수도 있습니다. 그래서 훈계의 효과는 극대화시키고 마음의 상처는 최소화시킬 수 있는 지혜가 필요합니다.

저는 두 살 많은 형과 여덟 살 어린 동생이 있습니다. 삼형제의 둘째로 자라면서 많은 시행착오를 겪었고 그로 인해 여러 가지 원칙을 갖게 되었습니다. 특히 제가 인격적으로 성숙하지 못했던 학창 시절에 동생을 훈계하는 과정에서 후회가 남는 일이 많아 나름의 훈계 원칙을 세우게 됐습니다. 그중 가장 큰 원칙은 '다른 사람 앞에서 훈계하지 않는다'입니다. 저는 가정에서도 집사람과 언쟁할 일이 있으면 아이들이 없는 곳에서 이야기하고, 아들을 야단쳐야 할 일이 있으면 엄마나 여동생이 없는 곳으로 가 대화를 합니다.

직장에서도 마찬가지입니다. 빈번하게 지각하는 직원, 일에 열정을 보이지 않는 직원, 발표 자료를 성의 없게 만드는 직원 등 누군가를 훈계해야 한다면 개별 면담 방식으로 이야기합니다. 보통 이런 이야기는 정신이 맑고 체력이 충만한 아침에 하는 것이 좋습니다. 오후쯤 되면 몸도 지치고 하루 일과에 대한 스트레스가 쌓이는 경우가 많은데, 이럴 때 훈계를 하면 훈계의 효과가 부정적으로 나타날 가능성이 높습니다.

그래서 저는 대체로 아침 회의가 끝난 뒤에 이야기하곤 합니다. "최 과장, 회의 끝나고 잠시 이야기 좀 합시다" 하고 말한 뒤 다른 팀원들이 모두 나가고 나면 단 둘이 대화를 시작합니다. 이때 주의할 점은 감정적으로 말해선 안 된다는 것입니다. 저는 "최근 이러이러한 문제점이 보이는데, 혹시 개인적인 사정이 있나요?" 라고 물으며 상대가 피치 못할 사정이 있는지 확인합니다. 그러고 나서 이런 문제는 본인과 팀에 안 좋은 영향을 미칠 수 있으니 개선해주기 바랍니다" 정도로 이야기하는데, 간결할수록 효과적입니다. 왜일까요? 본인도 문제점을 인지하고 있고, 그 문제로 인해 미안해하며 눈치를 보고 있는 상황인데, 상대가 이성적으로 담담하게 문제점을 이야기하면 당사자가 느끼는 미안함은 더욱더 커지기 마련입니다. 그리고 그런 문제점을 여러 사람 앞에서 언급하지 않고 개별 면담 시간을 가져 본인의 체면을 생각해 배려해줬다는 점을 고마워하며 깊은 반성을 하게 됩니다.

이때도 '9시 이후에는 시장을 면밀히 관찰해야 한다'라는 원칙 때문에 앞서 이야기한 '잔소리 축소 효과'가 작동합니다. 개장 시황을 봐야 한다는 생각에 어지간해서는 말을 길게 하지 않고 요점만 이야기하고 끝을 맺기 때문에 쓸데없는 언쟁이 발생할 가능성이 적습니다.

4 시너지를 극대화하는 시스템

운용업계에는 이상한 징크스가 하나 있습니다. 과거 유명했던 스타 펀드매니저가 운용사를 차릴 경우, 그 운용사의 펀드 운용 성과가 기대한 만큼 좋지 않은 경우가 많다는 것입니다. 스타 펀드매니저 출신 CEO를 만나보면 그분들의 주식에 대한 열정은 실로 대단합니다. 운용 철학이나 운용 스타일도 그대로인데 왜 좋은 성과가 나오지 않는 건지 궁금했습니다.

'주식에 대한 집중력과 관심도 그대로고 좋은 인력을 뽑아 회사를 이끌어나가고 있는데, 왜 성과가 나오지 않는 걸까?'

깊은 고민 끝에 2가지 이유를 생각해냈습니다. 첫 번째 이유는 CEO의 과중한 업무가 운용에 부담이 되기 때문입니다. 펀드를 직접 운용하는 시니어 펀드매니저는 주로 펀드 운용과 리서치 활동을 합니다. 새벽부터 밤늦게까지 잠자는 시간을 빼놓고는 기업 리서치, 운용 전략 수립, 매매 계획에 관한 일을 합니다. 물론 가끔은 고객의 운용 보고 요청이 있기도 하고, 대략 3개월 주기로 돌아오는 정기 운용 미팅 때는 운용 보고서를 작성해 직접 대면 보고를 하기도 합니다. 하지만 그런 고객 활동이 운용에 방해를 줄 만한 수준은 아닙니다. 오히려 고객과의 미팅을 통해 새로운 아이디어를 얻기도 합니다.

그러나 CEO가 되면 마케팅 활동 및 조직관리 업무 시간이 압도적으로 많아집니다. 이런저런 문제로 전화 통화를 할 일이 많고, 운용과 상관없는 미팅을 해야 하는 경우도 많습니다. 한마디로 운용에 오롯이 집중할 수 없습니다. 그렇기 때문에 운용사를 설립한 스타 펀드매니저가 펀드를 직접 운용하거나 CIO 역할을 계속하고자 한다면 운용과 관리 업무를 분리해 본인의 역할을 운용에 국한시켜야 합니다.

관리 업무를 총괄하는 경영 관리 대표를 따로 두는 것도 좋은 방법입니다. 실제로 운용업계에는 관리와 운용을 분리해 경영하는 공동 대표 시스템을 갖고 있는 운용사가 몇 있습니다. 제가 체슬리를 설립하고 각자 대표 시스템을 도입해 경영 관리 CEO를 따로 두고 있는 것도 이러한 이유 때문입니다.

CEO는 아무래도 대외 활동과 관리 업무가 많아 매니저였을 때보다 기업 리서치에 시간을 많이 투자할 수 없습니다. 그럼에도 많은 CEO가 자신은 CIO 역할도, CMO(Chief Marketing Officer, 마케팅 책임자) 역할도, COO(Chief Operating Officer, 관리 책임자) 역할도 잘 해낼 수 있는 슈퍼맨이라고 착각하곤 합니다.

전 직장에서 운용본부장으로 일할 때는 당시 대표님에게 이렇게 정중히 부탁했습니다.

"대표님, 운용은 관여하지 마시고 저희를 믿고 맡겨주세요. 대표님을 무시해서가 아니라, 새벽부터 밤늦게까지 일하는 저희 직원들의 노력을 믿어달라는 것입니다. 대표님은 회사를 관리하랴, 마케팅하랴 너무 바쁘셔서 리서치를 많이 못 하시는데, 출근 후에 시세 좀 보다가 저희에게 해주시는 말씀이 사실 운용에 별 도움이 되지 않습니다."

기분이 상할 수도 있는 부탁이었지만 대표님은 저의 말을 수긍해주었고, 펀드 운용에 관해서는 전적으로 저에게 맡겨주었습니다. 그 덕분에 우리 운용팀은 CEO의 잔소리와 관여가 거의 없는 분위기에서 신뢰에 보답하기 위해 더욱 책임감을 갖고 일할 수 있었습니다.

스타 펀드매니저 회사가 성적이 좋지 않은 두 번째 이유는 그어떤 천재도 쫓아갈 수 없는 세상의 빠른 변화 때문입니다. 세상은 빛의 속도로 변화하고 있습니다. 수많은 천재들에 의해 새로운 기술이 개발되고, 하루가 멀다 하고 발전하고 있습니다. 끊임없이 변화와 혁신을 만들어나가는 기업들이 주식시장에 상장되어 있는데, 그 수가 수천이 넘습니다. 특히 현대 자본주의는 눈에 보이지 않는 온라인과 모바일 환경에서 태동하고 성장하다 보니 그 실체와 변화를 추적하기가 더더욱 어렵습니다. 그래서 그 어떤 주식 천재도 주식시장에 상장되어 있는 모든 산업과 모든 비즈니스를 절대 다 이해할 수는 없습니다.

저는 "시장의 IQ는 2만이고, 나의 IQ는 80이다"라고 자주 이야기합니다. 주식시장에서 생존할 수 있는 유일한 방법은 겸손이라고 생각하는데, 단기간에 우수한 성과를 내면 자칫 교만해질 수 있기에 마음을 다스리고자 이 말을 자주 합니다. 항상 '시장을 이해하고 예측하기 위해 노력하지만 내가 주식시장의 모든 것을 알 수 없고, 아는 것보다 모르는 것이 훨씬 많다'라는 마음으로 시장을 분석하고 펀드를 운용합니다.

어느 한 사람이 시장을 장기적으로 이길 수 없다는 생각에 우리 운용팀의 집단지성이 어떻게 하면 IQ 2만이 될 수 있을지 고민을 많이 했습니다. 그리고 그 해결 방법으로 애덤 스미스(Adam Smith)가 『국부론』에서 언급한 '분업에 의한 생산성 향상'을 투자 세계에서도 최대한 활용해야 한다고 결론 내렸습니다. 그래서 다음과 같은 회의 방식으로 시너지가 최대한 발휘되도록 했습니다.

모닝 미팅(매일 아침 7시 40분)

매일 아침 모닝 미팅 때 미국 시장과 중국 시장, 국내 시장을 분석하고 각 시장의 특징주와 52주 신고가를 체크한다. 실적 시즌에는 해당 섹터 담당자들이 실적 발표를 요약해 시장의 기대치와 실제 발표치와의 차이 및 원인에 관해 설명한다. 가끔 시장이 매크로 변수나 지정학적 이슈로 요동을 치면 시장 분석 및 운용 전략을 담당하고 있는 사람(필자)이 과거 사례와 비교 분석해 대응 방안을 발표한다. 그리고 펀드매니저별로 모델 포트폴리오(MP, model portfolio) 변경이 있을 때면 그 이유와 아이디어를 발표한다.

주간 전략 회의(매주 월요일 아침)

담당 매니저가 이번 주 시장 전망 및 주요 이벤트를 발표한다. 그리고 모든 팀원은 한 주 동안 가장 강할 것으로 예상되는 중대형주 3종목과 가장 약할 것으로 예상되는 한 종목을 추천한다. 주식시장은 오디션 대회와 비슷하기 때문에 현재 대중의 인기를 누리고 있는 시장의 주도주는 무엇인지, 우리가 보유하고 있는 종목 중에서 어떤 종목이 가장 약한지 등을 파악해야 한다. 주간 전략 회의를 통해 매니저들은 본인들이 고집하는 종목 외에 시장의 주도주가 무엇인지 주간 단위로 체크할 수 있다.

월간 MP 회의(매달 마지막 날)

매니저별로 본인이 구축한 MP의 주력 종목과 섹터, 그리고 향후 전망에 관해 심도 깊은 이야기를 나눈다. 시장 전망과 운용 전략을 담당하고 있는 사람(필자)은 한 달 전에 작성한 시장 전망과 이번 달 시장 흐름이 실제로 어떻게 차이가 났는지, 그리고 그 원인은 무엇인지 복기해보고 다음 달 시장 전망을 발표한다.

이렇게 월간 MP 회의에서는 ① 주식시장 전망, ② 적정 주식 편입비 확인, ③ 주도 섹터 및 주력 종목 검토, ④ (각종 연기금, 금융회사, 정부 기관 등) 기관자금용 벤치마크형 한국&미국 MP 작업, ⑤ 개인 및 일반 법인용 절대수익형 MP 작업을 한다.

투자 종목 아이디어 회의(모닝 미팅 시간 또는 장중 10시 이용)

전일 탐방, 애널리스트 세미나, 기업 IR을 통해 분석한 기업에 대한 투자 아이디어를 공유하고 토론하는 회의다. 기업분석을 해온 매니저가 해당 기업의 사업 모델 및 전망, 그리고 밸류에이션을 발표하고, 1시간가량의 토론을 통해 투자 적정 여부를 판단한다. 신규 상장 종목에 대한 투자 여부도 똑같은 방식으로 분석한 뒤 토론을 통해 적정 주가 수준 및 보호예수 기간, 보유 기간 등을 결정한다.

대부분의 운용사는 이와 같은 형태로 회의를 진행합니다. 그러나 무엇보다 중요한 것은 회의 분위기입니다. 운용사에서 진행되는 회의는 대부분 수동적으로 이루어집니다. CIO의 운용 스타일에 따라 모닝 미팅을 하지 않는 곳도 있고, MP 회의를 윈도우 드레싱(window dressing)하듯 끝내기도 합니다. 시장의 대표 기업을 중심으로 무난하게 MP를 구성하고, 종목 가중치도 시가총액비율과 흡사하게 부여하는 것입니다.

일반적으로 운용사에는 펀드매니저와 인하우스(in-house) 애널리스트가 존재합니다. 펀드를 직접 맡아 운용하는 펀드매니저는 보통 애널리스트 생활을 3~5년 이상 한 시니어 매니저가 대부분이고, 기업분석만 담당하는 애널리스트는 보통 주니어가 많습니다. 이런 구성원들이 월간 MP 회의를 통해 MP를 만들면, 시니어 매니저들은 그 MP를 그다지 신뢰하지 않습니다. 그리고 실제로 펀드를 운용할 때 잘 준용하지 않습니다.

그러다 보니 월간 MP 회의는 목적이 모호한 회의가 되고, 발표자는 자신이 확신을 가지고 있는 종목을 왜 펀드에 반드시 편입시켜야 하는지 강하게 주장하기보다는 준비해온 자료를 읽고 최대한 빨리 발표를 끝내려고 합니다. 운용팀에서 입지가 낮은 주니어들은 '어차피 받아들여지지도 않을 텐데, 내 의견을 말해서 뭐해?'라고 생각해 대부분의 월간 MP 회의는 '회의를 위한 회의'가 되어버립니다.

저는 전 직장에서 CIO를 맡은 이후 이런 수동적인 회의 분위기를 개선하기 위해 많은 고민을 했습니다. 주식투자를 할 때 늘 경쟁사 대비 생산성이 좋은 기업이나 생산성을 획기적으로 개선시키는 기업을 찾으려 노력하는데, 정작 우리는 투입 시간 대비 생산성이 낮은 회의를 하고 있으니, 이것부터 개선시켜야 할 필요가 있다고 생각했습니다.

그렇다면 대체 왜 이런 일이 발생한 것일까요? 바로 공산주의식 보상 시스템 때문이었습니다. 팀원들 개개인의 노력에 대한 명확한 보상 시스템은 없고, 시니어 매니저들이 운용하는 개별 펀드에만 보상 시스템이 집중되어 있었습니다. 그로 인해 시니어 매니저를 제외한 나머지 팀원들은 연공서열에 의한 무난한 연봉 시스템에 묻혀 회사 생활을 하는 경우가 대부분입니다.

저는 이런 문제점을 개선하기 위해 모든 회의에 상벌금 시스템을 도입했습니다. 주간 전략 회의에서 추천한 종목에 대한 성과를 주간 단위로 평가해 상금을 주거나 벌금을 내게 했고, 월간 MP 회의에서 제시한 개개인의 MP에 대해서도 월간 단위로 성과를 평가해 매달 상벌금을 지급 또는 추징했습니다.

상벌금 시스템을 도입하자 그동안 수동적이고 소모적이었던 회의가 매우 생동감 있는 회의, 시장친화적인 회의로 바뀌었습니다. 그리고 카리스마 넘치는 CIO나 시니어 매니저가 회의를 지배하는 것이 아니라, 모두 동일한 조건에서 그 주 혹은 그 달 성과가 좋은 MP를 제시한 사람들 중심으로 회의 분위기가 바뀌었습니다. 상벌금 시스템이 명확하다 보니 팀원들은 이제 회의를 할 때 윗사람의 눈치를 보지 않습니다. 본인의 소신대로 MP를 발표하고, 그에 따른 결과를 쿨하게 받아들입니다.

이런 명확한 성과 보상 시스템은 '강력한 CEO나 CIO의 독선적 운용에 의한 성과 악화 위험'을 방지하는 효과가 있습니다. 이는 운용사에만 해당하는 이야기가 아닙니다. 다른 회사들도 크게 다르지 않습니다.

"우리 사장님은 이런저런 말씀을 다 하시고는 나중엔 맞은 것만 이야기해요"라고 말하는 사람이 많습니다. 어느 조직이나 대부분의 보스는 자신이 틀린 건 그냥 잊어버리고 맞은 것만 강조해 이야기합니다. 사람이라면 누구나 틀린 건 숨기고, 맞은 건 자랑하고 싶은 마음을 가지고 있습니다. 중요한 건 사장님은 언제든 말할 수 있는 발언권을 가지고 있지만, 팀원들은 발언권이 없다는 것입니다. 그래서 저는 이런 일이 발생하지 않도록 '회의 시간에 가장 마지막에 발언하기'와 더불어 '명확한 성과 측정 및 보상 시스템'을 도입한 것입니다.

객관적 성과 보상 시스템을 도입하기 위해서는 CIO의 용기가 필요합니다. 카리스마 넘치는 CIO의 MP 성과가 형편없을 수도 있기 때문입니다. 실제로 2019년 저의 MP 성과는 팀에서 최하위를 기록했습니다. 운용사 경력이 2년도 채 안 되는 신입 직원들의 성과보다도, 15살 이상 차이 나는 주니어 매니저들의 성과보다도 한참 낮았습니다. 그래서 2020년에 조회수가 40만 건 이상 나온 삼프로TV의 저녁 방송에서 "우리 팀에서 제가 주식을 제일 못해요"라고 이야기한 적도 있습니다. 이는 우스갯소리가 아니라 사실이었습니다.

이런 결과가 나오면 저 역시 창피한 마음이 들고 체면이 구겨지기도 합니다. 특히 시장을 이기지 못하는 부진한 성과를 기록할 때는 팀원들에게 미안하고, 스스로에게도 화가 많이 납니다. 하지만 팀원들이 시장보다 탁월한 성과를 꾸준히 기록하는 모습을 보면 이런 운용 시스템을 잘 도입했다는 생각에 뿌듯한 마음이 듭니다.

저는 신입 직원들에게 이렇게 이야기합니다.

"주식투자는 20년 한 사람보다 2년 한 사람이 더 잘할 수 있습니다. 그리고 주식시장은 매우 공정한 곳입니다. 출신, 지역, 학벌, 배경, 나이 등 그 어떤 것도 중요하지 않습니다. 그러니 열정을 가지고 열심히 노력하기 바랍니다. 적성에 맞지 않으면 성과도 잘 나오지 않고 스트레스도 심할 테지만, 적성에 맞으면 이보다 더 좋은 직업이 없습니다. 노력한 만큼 성과가 나오면 세상을 다 가진 듯한 성취감을 느낄 수 있는 것은 물론, 공정하고 확실한 보상을 받을 수 있습니다."

분야를 막론하고 모든 CEO는 시너지를 강조합니다. 하지만 잔소리를 한다고 해서 저절로 시너지 효과가 생기는 것은 아닙니다. 10명 내외의 운용 조직으로 IQ가 2만인 시장을 이기려면 탄탄한 조직력으로 최대한의 시너지 효과를 만들어내야 합니다. 다행히도 답은 멀리 있지 않습니다. 우리가 늘 몸담고 있는 이 자본주의 시스템과 주식시장에서 해답을 찾을 수 있습니다. '객관적이고, 투명하고, 명확하면서도, 수평적인 성과 보상 시스템'이 바로 그 해답입니다.

제가 2017년 12월에 정보통신부 장관상을 수상하고, 2020년 코로나19 사태 때 위기를 만루 홈런의 기회로 바꿀 수 있었던 것은 운용업계 최강의 팀워크 덕분이었습니다. 그리고 그 바탕에는 이런 시너지를 극대화시키는 효율적 운용 시스템과 합리적 성과 보상 시스템이 있었습니다.

5 의미 있는 비전

모든 조직은 비전을 설정해야 합니다. 비전은 우리 팀이 가고 자 하는 목적지기 때문에, 그 비전은 팀의 리더가 정해야 합니다. 목적지가 어디인지 알아야 팀원들의 에너지가 충분히 발휘되고 시너지가 날 수 있습니다.

저는 전 직장에서 운용사 CIO로 근무하면서 '우리 팀원들은 어떤 비전을 원할까?' 고민한 적이 있습니다. 그리고 팀원들에게 2가지 비전을 제시할 필요가 있다는 사실을 깨달았습니다. 첫 번째는 내가 근무하고 있는 회사의 비전이었고, 두 번째는 '내가 이 회사를 다님으로써 5년, 10년, 15년 뒤에 경제적으로나 실력 면에서 어느 정도 성장할 수 있을까'에 대한 개인의 비전이었습니다. 저는 깊은 고민 끝에 다음과 같이 비전을 설정했습니다.

• 회사의 비전: 2020년 투자자문업계 넘버원 자문사로 성장
• 개인의 비전: 지역, 학벌, 나이, 국적에 상관없이 실력을 갖춘 사람은 우리 회사의 대표 매니저가 될 수 있고, CIO까지 성

장할 수 있다. 또한 충분한 보상을 통해 은퇴 전에 경제적 자유를 얻을 수 있다.

실제로 저희 운용팀은 2016~2017년 업계 최고 수익률을 기록했습니다. 2017년 12월에는 금융기관 종사자로서 최고의 영예라 할 수 있는 정보통신부 장관상을 수상하기도 했습니다. 유명 운용사들의 운용 규모는 급감하는 상황이었고, 문을 닫는 자문사들도 속출했기에 우리의 성과는 주위로부터 많은 부러움을 자아냈습니다. 제가 근무했던 인피니티투자자문의 대표님은 "박 전무가 운용팀 세대교체를 잘해줬고, 80년대생 젊은 매니저들이 열심히 해줘서 좋은 성과가 나온 것 같다"라며 저에게 여러 차례 고마움을 표현했습니다. 저 역시 다양한 스펙트럼을 가진 우리 운용팀의 역량을 신뢰해주고, 합리적인 보상 시스템을 만들어주신 대표님께 진심으로 감사의 인사를 드렸습니다.

물론 여러 차례 위기도 있었지만, 저희 운용팀은 변동성이 심한 자산운용업계에서 최저 이직률을 자랑하며 탄탄한 결속력과 팀워크로 코로나19 사태까지 훌륭하게 극복해냈습니다. 회사는 창사 이래 최대 수익률을 기록했고, 우리를 믿고 끝까지 함께해준 고객들에게도 시장수익률을 크게 웃도는 수익을 안겨드렸습니다. 또한 우리 매니저들도 업계 최고 수준의 보너스를 받았습니다.

한편 저는 대표님의 권고로 11년간 근무했던 인피니티투자자 문을 2021년 5월 말 사직했고, 2021년 6월 '체슬리(Chesley)'라는 이름으로 독립을 했습니다. 회사 설립 후 오랜 고민 끝에 결정한 체슬리의 비전은 다음과 같습니다.

- 위대한 기업
- 존경받는 기업
- 고객과 직원이 함께 부자가 되는 기업

첫 번째 비전은 '위대한 기업'입니다. 피터 린치의 마젤란펀드 처럼 위대한 수익률을 기록하는 회사가 되어야 한다는 의미입니다. 즉, 고만고만한 수익률을 내는 수많은 운용사 중 하나로 남지 않겠다는 의지입니다. 직원들도 최고의 수익률과 위험 관리를 위해 최선의 노력을 다하자는 의미가 담겨 있습니다.

두 번째 비전은 '존경받는 기업'입니다. 이는 제가 2021년에 출간한 『투자의 본질』(워너스북, 2021년)에서 강조한 '투자자의 자화상'입니다. 첫 번째 비전을 달성해 위대한 기업이 되면 많은 돈을 벌 수 있습니다. 하지만 '우리 회사가 어떻게 돈을 벌고, 또 돈을 벌면 어떻게 쓸 것인가'에 관한 '체슬리의 자화상'에 대한 비전과 원칙을 직원들에게 미리 제시할 필요가 있다고 생각했습니다.

우리나라 자산운용업의 역사는 1980년대 3투신, 즉 한국투자신탁운용, 대한투자신탁운용, 국민투자신탁운용으로부터 시작되었는데, 40년이 지난 지금은 수백 개의 자산운용사와 자문사가 난립해 경쟁을 벌이고 있습니다. 그런데 우리나라 운용사들은 믿고 맡긴다는 의미의 신탁(信託) 업무를 하면서 고객들에게 꾸준히 신뢰를 쌓기보다는 오히려 불신(不信)의 대명사가 된 듯합니다. 라임·옵티머스 사태까지 겪은 투자자들이 오죽하면 펀드에 돈을 맡기지 않고 벤치마크지수를 그대로 추종하는 ETF로 몰려가겠습니까? 오죽하면 개인의 직접 투자 규모가 이렇게나 폭발적으로 증가했겠습니까?

　물론 ETF 성장은 우리나라만의 현상이 아닌, 세계적인 현상입니다. 하지만 피델리티의 마젤란펀드처럼 30년 이상 장수하며 꾸준히 성장하는 공모펀드가 40년이 넘도록 없다는 것은 자산운용업계에 종사하는 사람으로서는 부끄러워해야 할 우리의 민낯입니다. 그 이유가 우리나라 펀드매니저들이 시장을 웃도는 장기적인 성과를 꾸준히 낼 수 있는 실력이 없어서인지, 부도덕한 펀드매니저들 때문에 운용업계에 대한 신뢰가 상실되어서인지, 아니면 국내 주식시장은 피터 린치나 워런 버핏이 와도 고객이 만족할 만한 수익을 만들어내기 불가능한 시장이라서 그런 것인지는 불분명합니다. 그런데 생각해보면 만약 이 3가지 중에 첫 번째와 세 번째

변화와 생존

124

이유가 원인이라면 당장 운용사를 접고 더 이상 펀드 모객 행위를 해서는 안 됩니다. 그렇다면 남은 원인은 하나! 운용사에 대한 '신뢰 상실'입니다.

우리나라 투자자들은 더 이상 국내 펀드매니저들을 신뢰하지 않는 듯합니다. 펀드매니저들이 고객들의 수익을 올리기보다 자기 돈을 버는 데 혈안이 되어 있고, 더 좋은 조건을 제시하는 운용사가 있으면 자신의 책임을 다하지 않고 이직하는 일이 잦다고 생각합니다. 거기에 라임·옵티머스 사태는 펀드매니저를 '고객을 기만하고 고객 자산을 이용해 사리사욕을 채우는 고학력 사기꾼 집단'으로 만들어버렸습니다.

'존경받는 기업'은 그 기업에 종사하는 임직원들의 책임감과 도덕성 없이는 절대 이룰 수 없는 목표입니다. 저는 우리 임직원들에게 위대한 기업을 만든다는 꿈과 함께 펀드매니저가 반드시 가져야 할 책임감과 도덕성을 '존경'이라는 단어를 통해 강조하고 싶었습니다. 그것이 바로 신뢰를 기반으로 비즈니스를 하는 자산운용사들이 살아남을 수 있는 유일한 생존 전략이기 때문입니다.

세 번째 비전은 '고객과 직원이 함께 부자가 되는 기업'입니다. 직원을 위한 비전이자 우리 회사에 돈을 맡기는 고객을 위한 비전입니다. 코로나19 전후로 주식, 부동산 등 자산가격이 급등했습니다. 자산이 없는 무산자들에게 '벼락거지'라는 말이 딱 어울릴 정도로 상대적 빈곤이 커져버린 상황입니다. 저는 3억 원 정도의 시드머니로 경제적 자유를 꿈꾸는 고객들과 그 자금을 운용하면서 월급을 받는 우리 직원들에게 '부자가 될 수 있다'라는 비전을 제시해주고 싶었습니다.

이는 대선 후보자들이 표심을 얻기 위해 남발하는 실현 가능성이 희박한 '공약'이 아니라, 오랜 기간 현재의 자본주의 시스템에서 산전수전 다 겪으며 부자가 되는 방법을 터득한, 저의 현실적인 경험에서 비롯한 '확신'입니다. 5인 가족의 가장으로서 6평짜리 월세 단칸방에서 시작해 경제적 자유를 이룬 저의 아버지께서도 그렇게 투자를 통해 가난에서 벗어나셨습니다.

투자의 본질을 알고, 나 자신과 세상에 대한 긍정적인 마음으로 올바른 투자 원칙을 세워서 꾸준히 투자를 하면 우리는 반드시 부자가 될 수 있습니다.

긍정 에너지로 가득찬 변화 사냥꾼이 됩시다

127

'변화'에서
생존의 답을
찾아라

제6장

핵심은 시장분석

저는 펀드매니저가 자산운용업계에서 살아남기 위해서는 반드시 주식시장에 대한 분석능력이 필요하다고 생각합니다. 그런데 개인 투자자는 물론이고 많은 펀드매니저가 시장분석을 게을리합니다. 왜일까요? '시장을 어떻게 맞춰', '왜 시장을 맞추려고 해?', '시장분석이 뭐가 중요해. 어떤 기업에 투자해야 하는지 기업분석만 하면 되는 거 아냐?'라고 생각하며 시장분석을 기피하기 때문입니다. 시장분석이 얼마나 중요한지는 저의 저서 『투자의 본질』에서도 여러 차례 강조했습니다. '돈은 시장이 벌게 해준다', '바람 불 때 연 날리고 물 들어올 때 배 띄워라' 등.

그 중요성은 여러 차례 강조해도 지나치지 않기에 이 책에서도 다시 한 번 이야기해볼까 합니다. 바람(wind)에 대한 펀더멘털을 분석한다고 가정해봅시다. 풍속, 풍향 등에 쓰이는 단어를 가지고 분석을 할 수 있을 것입니다. 그런데 한 숨의 바람이 촛불을 끄기도 하고, 모닥불을 살리기도 합니다. 같은 한 숨이지만 완전히 다른 결과를 만들어냅니다.

주식시장을 분석하고 전망하는 일은 다양한 환경에서 **'오랫동안 검증되어온 유의미한 인과관계를 바탕으로 앞으로 일어날 시장 변화에 대한 확률적으로 높은 예상치를 찾아내는 것'**이 핵심입니다. 하지만 많은 투자자가 경험적 실증주의에 의한 인과관계 분석보다는 내 포지션에 따른 '주관적 기대감'을 시장 전망이라고 이야기합니다.

대부분의 투자자는 '경제 현상과 주식시장과의 상관관계'에 대한 이해가 부족합니다. 우리는 주식시장이 경제의 선행지표(leading indicator)라는 것을 명심해야 합니다. 그리고 경제지표는 특정 임계치에 도달하기 전까지는 주식시장에 영향을 주지 않는 경우도 많습니다.

1987년부터 2006년까지 연방준비제도(Fed, 이하 '연준') 의장을 지낸 앨런 그린스펀(Alan Greenspan)으로 인해 연준이 주식시장에 미치는 영향력이 절대적으로 커졌습니다. 경제가 나쁠수록 연준의 개입이 커지고, 연준의 통화정책 방향과 강도에 따라 주식시장의 변동성도 커졌습니다. 주식시장을 전망하려면 내년도 경제 예측보다 연준의 통화정책 방향을 더 주시해야 하는 시대가 되었습니다.

주식시장은 거대한 자연과 같고, 투자자들은 기후 변화에 따라 새로운 풀을 찾아 대이동을 하는 누우 떼와 같은 존재입니다. 시장분석을 무시하는 것은 기후 변화를 무시하고 이동을 거부하며 한자리에서 좋은 풀만 찾으려 하는 것과 다를 바가 없습니다. 투자자들이 주식시장에서 장기적으로 생존하기 위해서는 자신이 투자하려는 주식시장의 특성을 파악하고, 그 시장과 자신의 적성에 맞는 투자 스타일을 구축할 필요가 있습니다.

누우 떼는 새로운 풀을 찾아 끊임없이 이동해야 하고, 반달곰은 겨울이 오기 전에 최대한 몸무게를 늘린 뒤 에너지 소비를 줄이기 위해 동굴에 들어가 겨울잠을 자야 합니다. 자신이 누우와 같은 투자자라면 기후 변화에 따라 새로운 풀을 찾아 용감하게 무리를 이끄는 대장 누우의 뒤를 따라가기만 하면 됩니다. 하이에나는 무리에서 뒤처지고 고립된 누우를 잡아먹는다는 사실을 기억해야 합니다.

저는 그 누구보다도 시장분석에 많은 시간을 할애합니다. 국내외 주식시장에 쏟아지는 여러 데이터를 분석해 지금 주식시장이 돈을 벌 수 있는 강세장인지, 돈을 잃기 쉬운 약세장인지를 먼저 판단합니다. 그리고 용감한 사람들이 돈을 버는 장(유동성장세)인지, 실력자들만 돈을 버는 장(실적장세)인지, 아니면 용감한 사람들이 돈을 잃는 장(역금융장세)인지, 실력자도 돈을 잃는 장(구조적 약세장)인지를 분석합니다.

주식시장이 어떤 상황인지를 명확히 판단해야 자신이 구축한 투자 포트폴리오에 자신감이 생기고, 언제 그 포트폴리오를 변화시켜야 하는지 밑그림을 그릴 수 있습니다. 시장분석에 대한 이해가 없으면 왜 2020년 상반기에 BBIG7*이 시장을 주도했는지, 그해 하반기에 원자재 가격 상승과 함께 시작된 차화정(자동차, 화학, 정유) 장세의 원인은 무엇인지 등을 이해할 수 없습니다.

2021년 하반기부터 2022년 1월까지 주식시장이 약세를 보이면서 그동안 강세시장 전망과 함께 투자 유망 종목을 용감하게 추천해온 주식 전문가들이 많은 고충을 겪고 있다는 이야기를 들었습니다. 장기적 상승 여력이 좋은 우량기업을 추천한 그들의 진정성은 조금도 의심의 여지가 없지만, 주식 포지션에 편향된 주관적인 강세장 전망은 경제적·심리적으로 혹독한 대가를 치르게 했습니다. 만약 여러분이 2020년 3월 이후 강세장과 2021년 하반기 약세장을 모두 경험해봤다면 '돈은 시장이 벌게 해준다'라는 말의

◆ BBIG7: 코로나19 이후 증시의 주도주로 떠오른 바이오, 배터리, 인터넷, 게임 섹터의 대표적인 7개 종목을 말한다. 삼성바이오로직스, 셀트리온, LG화학, 삼성SDI, 네이버, 카카오, 엔씨소프트가 이에 속한다.

의미를 이해했을 거라 생각합니다.

경제를 전망하는 것과 주식시장을 전망하는 것은 완전히 다른 이야기입니다. 수많은 기업과 소비자들이 미래에 어떤 경제적 의사결정을 내릴지는 아무도 알 수 없습니다. 하지만 특정한 경제 상황에서 다수의 투자자가 어떤 의사결정을 내릴지는 여러 가지 검증된 투자 패턴이 있습니다. 이러한 패턴을 조금 학술적으로 이야기하면 '행동 경제학을 바탕으로 한 주식 투자자들의 반응과 속성'이라 할 수 있습니다.

누군가 저에게 "어떻게 하면 시장분석을 잘할 수 있나요?"라고 물으면 늘 이렇게 대답합니다.

"많은 사람이 경제학과 기술적 분석에 대한 책을 몇 권 읽고 시장을 분석하고 예측하려고 합니다. 하지만 주가는 투자자들의 인지와 반응에 대한 결과값입니다. 기업가치에 직간접적인 영향을 주는 경제적 요인 분석도 중요하지만, 정작 더 중요한 것은 그런 요인에 대한 투자자들의 반응입니다. 그래서 시장분석을 잘하기 위해서는 사람에 대한 공부, 즉 인문학적 소양이 필요합니다."

***

생존의 키워드, 빼따꼼쁠리

누군가 투자에서 가장 중요한 단어를 하나만 꼽아달라고 요청한다면 "빼따꼼쁠리(Fait accompli)"라고 대답할 것입니다. 영어로는 이미 발생한 사실(Facts accomplished), 즉 기정사실이라는 의미입니다. 저는 저서 『투자의 본질』에서 '주식투자란 대중들이 인지하고 있지 못한 기업가치의 변화에 내 돈을 과감하게 투자하는 것'이라고 밝혔는데, 여기서 '대중들이 인지하고 있지 못한 변화'가 바로 빼따꼼쁠리가 되기 전 상황이라고 보면 됩니다. 이를 이해하기 쉽게 이렇게 설명합니다.

"9시 뉴스에 나오는 호재 발표를 보고 매수하지 말고, 9시 뉴스에 나오는 악재 발표를 보고 매도하지 마세요."

즉, 뉴스를 통해 어떤 호재나 악재를 대중들이 모두 인지하게 되면 더 이상 투자수익의 기회나 손실이 없다는 얘기입니다. 주식시장은 이미 그 영향을 주가에 다 반영했기 때문입니다. 이런 현상은 현대자동차 리콜 사태나 삼성전자의 갤럭시노트7 폭발 사고와 같은 개별 기업의 이슈에만 적용되는 것이 아닙니다. 2001년 9·11테러, 2016년 도널드 트럼프(Donald Trump) 미국 대통령 당선, 2020년 코로나19 등 국제적인 뉴스도 마찬가지입니다. 어떠한 사건을 많은 사람이 심각한 악재로 기정사실화하는 순간, 그것은 더 이상 주식시장에서 악재로 작용하지 않습니다.

빼따꼼쁠리를 이해하고 있으면 우리가 언제 주식을 사야 하는지, 언제 팔아야 하는지를 알 수 있습니다. 성장성이 높은 산업이나 기업의 경우, 투자자들이 그런 성장성에 아무런 반박을 하지 못할 때가 가장 위험합니다. 반면 많은 사람이 이해하지 못하고 미래의 성장성에 의문을 가질 때는 '걱정과 우려의 담'을 넘어 주가가 꾸역꾸역 올라갑니다.

제가 경력이 얼마 되지 않았을 때는 왜 모두 주식시장이 좋다고 하는데 주가가 빠지는 건지, 왜 모두 부정적으로 생각하는데 주가가 올라가는 건지 그 이유를 알지 못했습니다. 대부분의 투자자가 '나의 주식 포지션에 유리한 전망'을 이야기한다는 사실을 알고 난 뒤 그 이유를 알게 되었습니다.

주식시장 전망에 있어 대중들의 시장 전망 분위기보다 더 정확한 반대 지표는 없는 듯합니다. 주식시장이 과열 양상을 보이는 국면에서는 기업의 장기적 성장성에 대한 충분한 공부와 확신 없이 시장의 강세 분위기에 편승해서 단기 매매 차익을 얻고자 하는 단타꾼이 많아집니다. 그리고 이런 사람들이 시장을 강세장(bullish)으로 본다는 것은 이런 단타꾼 투자자들이 주식을 잔뜩 보유하고 있다고 이해하면 됩니다. 반대로 이런 투자자들이 공포와 두려움에 주식을 정리하고 현금을 확보하거나 인버스를 보유한다면 본인들의 포지션을 정당화하기 위해 현재 시장이 얼마나 큰 위기에 직면해 있는지를 그 어떤 군사전문가나 의학전문가 못지않게 설명을 합니다.

기업의 주가는 장기적으로는 무조건 기업 실적의 함수에 의해 그 추세가 결정됩니다. 하지만 기업 주가의 단기 변동성은 철저하게 대중들의 심리 변화에 의해 결정되며, 오버슈팅(overshooting, 상품이나 금융자산의 시장가격이 일시적으로 폭등하는 현상)이나 패닉셀링(panic selling, 어떤 특정 증권 혹은 증권 전반에 걸친 혼란스러운 투매 현상)이 발생하면 투자 신념이 부족한 일부 기관투자자들의 끝물 동참 현상이 일어나기도 합니다. 2020년 3월, 지수 1600선 아래에서 대규모 매도를 한 기관들 역시 나름의 리스크 관리 회의를 통해 '코로나19 위기 상황에서 지금이라도 주식 비중을 줄이는 것이 향후 추가적 손실을 막기 위해 적절하다'라는 명분으로 바닥에서 주식을 많이 줄였습니다.

일반 아마추어 투자자뿐 아니라 기관투자자들 역시 리스크 관리 명목으로 바닥에서 주식 비중을 축소하는 이유는 무엇일까요? 그것은 사태가 심각할수록 모두가 인지하는 위기 상황이므로 아무도 그 위기를 반박하지 못하기 때문입니다. "9·11테러 이후 테러가 또 발생하지 않으리라는 보장이 있나요?", "과거 스페인 독감*사례를 보면 제2차, 3차 팬데믹이 올 수도 있는데 미리 대비해야 하

---

* 스페인 독감(Spanish flu): 1918년 미국에서 발생한 독감으로, 2년간 전 세계적으로 유행하며 5000만 명(추정)의 목숨을 앗아갔다. 스페인 언론이 이 사태를 깊이 다루어 '스페인 독감'이라 불렸다. 한국에서는 무오년(戊午年) 독감이라 불렸는데, 740만 명 이상이 감염됐고 14만 명 이상이 사망했다.

는 거 아닌가요?" 등. 대부분 이런 식의 '사건 분석 위주의 리스크 관리 회의'는 효과적인 투자전략 수립에 아무 도움이 되지 않습니다. 폭락한 주식시장을 보고 두려움에 주식을 파는 아마추어 투자자들과 다를 바가 없기 때문입니다.

시청자들은 마지막에 본 광고를 가장 잘 기억합니다. 이는 투자자들도 마찬가지입니다. 최근 1~3개월의 시장 상황을 가장 선명하게 기억하고, 또 그런 추세가 지속될 것이란 믿음을 갖고 있습니다. 대부분의 투자자는 패닉셀링 국면에서 투매의 원인이 된 '사건'에 대해 열심히 공부합니다. 그 사건으로 인해 자신의 계좌가 큰 손실을 보고 있기 때문에 사건 연구에 더더욱 시간을 투자하는 것입니다. 그리고 여기서 언론이 큰 역할을 합니다. 조금이라도 그 사건에 대한 자극적인 뉴스를 보도해야 시청률이나 구독률을 높일 수 있기 때문에 앞다퉈 최악의 시나리오를 보도하게 됩니다. 그렇게 투자심리는 점점 더 악화됩니다. 또한 최근에는 조회수 올리기에 혈안이 되어 있는 유튜버들이 생생한 가짜 뉴스를 만들어 올리면서 시장은 투매의 정점을 찍기도 합니다.

그래서 저는 여러 가지 투자 심리 지표를 활용하고 있습니다. 이제는 많은 사람이 알고 있는 VIX지수(Volatility Index, 주가변동성 지수)뿐 아니라 하이일드 스프레드(High Yield Spread, 국채와 투기등급 회사채 간의 수익률 차이), 국내 옵션시장에서 추출한 풋콜레이쇼(Put

Call Ratio), RSI(Relativalty Strengthen Index, 상대강도지수) 등을 활용합니다. 즉, 패닉셀링 국면에서는 투매의 원인이 된 사건을 분석하기 위해 더 이상 시간을 투자하지 않습니다. 단지 이 사건과 과거 다른 '악재'를 비교해 투자자들이 어느 정도의 공포감을 느끼고 있는지를 분석합니다. 그렇게 계량화된 공포 수준과 향후 예상 투자 수익률에 따라 주식 비중을 결정합니다.

2020년 상반기에는 많은 선후배가 저에게 진심어린 조언을 해 주었습니다.

"박 전무, 이번엔 달라. 정말 조심해야 해."

이런 약세론적 관점의 조언들이 내용은 틀렸지만, 제가 시장을 진단하고 전망하는 데는 오히려 많은 도움이 됐습니다. 펀드매니저와 증권사 분석가들 모두 코로나가 얼마나 무시무시한 질병인지 인식했고, 이를 기정사실로 받아들였기 때문입니다.

주식시장에서 생존하기 위해서는 추세에 순응해야 하지만, 대중들의 심리에 의해 만들어지는 오버슈팅이나 패닉셀링은 냉정하게 대응할 필요가 있습니다. 이때 투자자들이 반드시 기억해야 할 생존 키워드가 바로 **빼따꼼빨리**입니다.

두려움과 용기

2020년 가을, 100억 원이 넘는 자금을 우리 회사에 위탁한 한 연기금의 기금운용위원회에 펀드 운용에 관한 정기 운용 보고가 있는 날이었습니다. 3년 넘게 자금을 운용하면서 벤치마크였던 코스피(KOSPI)를 17%포인트 가량 아웃퍼폼(outperform, 시장수익률 상회)하고 있었기에 그날도 의기양양하게 운용 보고를 하러 갔습니다.

저에게 주어진 20분가량의 시간 동안 코로나19로 인한 시장 영향과 그동안의 대응 전략, 앞으로의 운용 계획에 대해 짧지만 명확하게 설명했습니다. 그해 봄 코로나19가 발발한 직후에도 '강세장이 도래할 가능성과 대응 전략'을 자신 있게 말씀드렸고, 일임펀드 운용 성과도 좋았던지라 자금 관리 위원들의 표정은 대부분 밝았습니다. 그런데 질의응답 시간에 한 분이 날카로운 질문을 던졌습니다.

"박 전무가 지난봄에 카카오를 투자 유망 종목으로 강조한 걸 또렷이 기억합니다. 그냥 카카오에 100% 투자했다면 지금보다 훨씬 좋은 수익률을 거두었을 텐데, 왜 그렇게 실행하지 않은 거죠?"

저는 질문을 받은 뒤 분산투자의 원칙과 그 이유를 간단히 설명했습니다. 펀드매니저가 특정 기업의 성장성을 확신해도 개별 기업의 예측 불가능한 돌발 리스크를 통제 가능한 범위에서 관리하기 위해서는 반드시 분산투자를 해야 한다는 점을 강조했습니다. 결과적으로 그런 돌발 변수가 발생하지 않았을 경우에는 '카카오 한 종목에 100% 투자했더라면……' 하는 아쉬움이 남지만, 주식시장에는 수없이 많은 개별 기업 리스크가 매일같이 발생하기 때문에 분산투자를 통한 선제적 관리가 반드시 필요합니다.

당시 그 위원님은 제 대답에 100% 만족하지 못한 눈치였지만, 이후 제가 수익률뿐 아니라 적극적이고 효과적으로 리스크를 관리하는 모습을 보시고는 그 누구보다 우리 회사를 신뢰하고 응원해주시는 분이 되셨습니다.

"혹시 '바둑' 하면 누가 가장 먼저 생각나나요?"라고 질문을 던지면 많은 사람이 '알파고를 이긴 유일한 인간' 이세돌 9단을 언급합니다. 하지만 저는 '돌부처'라는 별명으로 유명한 이창호 9단을 좋아합니다. 그의 저서 『이창호의 부득탐승(不得貪勝)』(라이프맵, 2011년)에는 이런 글귀가 있습니다.

반상 위에서 조심성이 강조되는 이유다. 나의 바둑은 유독 반집승이 많은 편인데, 이 또한 극도의 조심성으로부터 비롯된 것이다. 제자 시절, 나는 100번 중에 한 번이라도 역전당할 가능성이 있으면 그 판을 크게 이길 수 있어도 그 수를 두지 않았다. 한 번은 선생님(조훈현 9단)이 "왜 그 수를 두지 않았냐"라고 물었다. 나는 "이 길로 가면 100번 중 100번을 반집이라도 이길 수 있습니다"라고 대답했다. '조심(操心)'을 한자 그대로 풀이하면 '마음을 잡는다'라는 의미다. 두려움이 위기에 대한 인식이라면 조심성은 그 인식 이후 경계하는 마음가짐이다. 겉으로는 유사하게 드러나지만 두려움과 조심성은 크게 다른 것이다. 영국의 대문호 윌리엄 셰익스피어(William Shakespeare)는 이런 말을 남겼다.

"용기의 대부분은 조심성이다."

두려움을 극복하는 용기는 조심성으로부터 나온다. 조심성이 없으면 결코 일류 승부사가 될 수 없다.

가로세로 19줄의 바둑판에서 생길 수 있는 경우의 수는 361!(팩토리얼, factorial)로, 이는 무한대에 가까운 숫자입니다. 이렇게 인간의 머리로는 계산이 불가능한 경우의 수를 프로바둑기사들은 끊임없이 수읽기를 하며 '이기는 확률'을 높여나갑니다. 때로는 2시간이 넘는 지루한 공방 속에서 상대를 한 번에 제압하고자 조급한 승부수를 날리고 싶을 때도 있을 테지만, 고수는 절대 '무리수'를 두지 않습니다. 대체로 하수가 스스로 지쳐 조급하게 공격하다가 결정적 패인이 되는 '악수(惡手)'를 두는 경우가 많습니다.

이창호 9단의 바둑은 한마디로 '느리고 두터운 바둑'입니다. 그는 조훈현 9단처럼 천재적인 스피드를 가지고 있진 않지만, 대국 시간이 지날수록 바둑판 위에 거대한 바위로 쌓아 올린 '난공불락'의 거대한 성이 만들어지는 느낌을 줍니다. 이창호 9단의 집이 최소 반집 이상 튼튼하게 지어졌다는 것을 눈치챈 상대가 조급한 마음에 무리하게 공격을 하다 제 풀에 넘어지는 경우도 허다했습니다. 어린 나이에도 불구하고 상대의 싸움에 말려들지 않고, 위기의 순간에도 표정 변화 없이 우직하게 집을 확보해나가는 그에게 바둑계는 '돌부처'라는 별명을 붙여주었습니다.

주식투자도 바둑과 유사한 점이 많습니다. 주식투자는 불확실한 미래를 내다보며, 기업가치의 변화를 살피며 나의 소중한 자금을 한 수 한 수 신중하게 투자하는 행위입니다. 주식시장 상황에 따라 내 포지션이 유리할 때도 있고, 반대로 불리할 때도 있습니다. 수익이 많이 날 때는 이 세상에서 내가 제일 똑똑한 사람처럼 느껴지고, 투자한 기업의 주가가 30% 이상 하락할 때는 '이 세상에 나만큼 한심한 사람이 있을까' 하고 자책하게 됩니다. 매일매일 계좌 수익률에 따라 마음이 오락가락하고, 수익률이 악화될 때는 손실을 한 방에 만회할 방법이 없을지 고민하고 또 고민합니다.

천재적인 단기 트레이딩 자질을 갖고 있지 않다면 투자를 할 때 이창호 9단처럼 해야 합니다.

첫째, 종목 하나하나에 두려움을 갖고 조심스럽게 투자해야 합니다. 소심하게 찔끔찔끔 투자하라는 말이 아닙니다. 한 종목을 사더라도 두려움을 갖고 충분히 공부한 뒤 확신을 가진 상태에서 투자하라는 뜻입니다.

둘째, 한 방에 텐배거(10배) 수익을 낼 수 있는 '신의 한 수'를 찾아 몰빵 투자를 하기보다는 1년에 30% 이상 수익이 가능해 보이는 종목 10개를 골라 '분산된 포트폴리오'를 구축하는 투자 습관을 만들어야 합니다. 분산된 포트폴리오 투자는 한 종목 몰빵 투자보다 속도가 느려 보이지만, 몇몇 종목이 생각대로 주가가 상승하지 않더라도 기다릴 수 있는 여유가 생겨 장기적으로 이기는 투자를 할 수 있습니다. 이렇게 신중하게 선정한 종목으로 분산투자된 포트폴리오는 '느리지만 두터운 투자 스타일'이 되어 장기적으로 시장을 이기게 해줍니다.

나는 '변화 사냥꾼'이다

펀드매니저들은 운용하는 펀드에 대한 펀드 설명회나 운용 미팅을 자주 다닙니다. 이때 펀드매니저는 고객에게 본인의 운용 스타일과 운용 철학, 리스크 관리 방법, 과거 운용 성과, 향후 목표 수익 등을 설명합니다. 일반적으로 펀드매니저의 운용 스타일은 다음과 같이 크게 4가지로 분류할 수 있습니다.

- 성장주(growth stocks) 스타일
- 가치주(value stocks) 스타일
- 모멘텀(momentum) 스타일
- 퀀트(quant) 스타일

아크인베스트먼트의 대표이사이자 CIO 역할을 맡고 있는 캐서린 우드(Catherine Wood)는 대표적인 성장주 스타일 매니저입니다. 그녀가 운용하는 대표 펀드인 ARKK(아크 이노베이션 상장지수펀드)의 투자 상위 종목을 살펴보면 테슬라(TLSA) 8.67%를 비롯해 스트리밍 플랫폼 로쿠(ROKU) 6.05%, 원격의료업체 텔라닥 헬스(TDOC) 6.05%, 화상회의 플랫폼 줌(ZM) 6.02%, 암호화폐 거래소 코인베이스(COIN) 5.10% 등 주로 대형 고성장 기술주에 투자를 하고 있다는 것을 알 수 있습니다(2022년 1월 6일 기준).

전설적인 펀드매니저이자 가치투자의 대가 피터 린치는 성장주&모멘텀 스타일 투자자라 할 수 있습니다. 그는 마젤란펀드를 운용할 때 펀드 자산의 60% 이상을 성장주와 턴어라운드 주식으로 구성했습니다. 여기서 턴어라운란, 쉽게 말해 '그동안 어떠한 기업의 이익이 줄거나 정체 상태였지만 이익 성장 모멘텀이 시작되었다'라는 의미입니다. 이러한 모멘텀은 기업의 대규모 구조조정이나 사업 재편으로 발생하기도 하고, 또는 경기순환형 산업에 속한 기업들이 해당 산업의 경기가 돌아서면서 이익 성장 모멘텀이 발생하기도 합니다.

물론 피터 린치도 투자 의사결정을 내리기 위해 가치투자자들이 반드시 체크하는 PER, PBR 지표를 많이 따졌습니다. 하지만 이는 투자하려는 기업의 이익 성장 및 이익의 가시성 대비 시장에서 형성되고 있는 해당 기업의 가격이 적절한지에 대한 분석이었습니다. 그는 자신의 저서를 통해 밝혔듯 자산가치 대비 저평가되어 있는 '순수 가치주'에 집중하는 가치주 스타일 투자자는 아니었습니다.

저는 고객들에게 우리 회사의 운용 철학은 '변화 사냥꾼'이라 밝히며, 운용 스타일에 대해서는 다음과 같이 설명합니다.

"기업가치에 직접적인 영향을 미치는 매크로나 마이크로 팩터에 대한 분석뿐 아니라 세계 유동성의 변화, 인구 구조 및 소비 패러다임의 변화, 자금 흐름(money flow)의 변화, 투자자들의 리스크 민감도의 변화, 세계정세의 변화, G2 국가의 정책 변화 등에 대해서도 누구보다 빠르고 정확하게 분석해 항상 최적의 포트폴리오를 유지하고자 합니다."

이를 좀 더 쉽게 이야기하면, 기업의 가치 변화와 주가에 영향을 미치는 요소를 대중이 인지하기 전에 재빨리 포착해 주가에 반영되기 전이나 초기에 빠르게 대응하겠다는 뜻입니다.

앞서 언급한 4가지 운용 스타일 중 굳이 하나를 꼽는다면 저는 모멘텀 스타일 투자자라 할 수 있습니다. 즉, 기업가치의 변화나 주가 변동성에 영향을 미치는 모멘텀이 발생했을 때 빠르게 대응한다는 것인데, 일반적 모멘텀 스타일과 다른 점은 그 모멘텀의 원인이 되는 요소에 대한 분석과 장기적 시계열의 백테스팅을 통해 모멘텀 발생 초기에 미리 대응한다는 것입니다.

하지만 이는 말처럼 쉽지만은 않습니다. 기업가치를 분석하는 일만 해도 매우 벅찬데, 기업의 주가 변동성과 멀티플(multiple)에 영향을 미치는 여러 가지 매크로 변수 및 유동성 요인들을 분석해 포트폴리오 리밸런싱(rebalancing)뿐 아니라 자산배분까지 적극적으로 한다는 것은 펀드매니저들에게 슈퍼 컴퓨터를 내장한 아이언맨이 되라고 하는 것과 다름없습니다.

그러나 이런 작업들이 불가능한 미션이라면 감히 할 엄두가 나지 않겠지만, 저는 오랜 기간 파생상품에 투자해왔고, 특히 주식시장이나 상품시장의 변동성에 영향을 주는 변수들의 특성을 관심을 갖고 분석해왔습니다. 그러다 보니 이른바 '사전적 대응 전략'에 대한 여러 가지 노하우를 가지게 되었습니다.

그럼 지금부터 사전적 대응 전략이 무엇인지 개념을 이야기해보도록 하겠습니다.

① 기업가치의 변화

기업의 가치는 현재가치와 미래가치로 나눌 수 있습니다. 현재가치는 이미 정해져 있으므로 주식투자의 성패는 투자자들이 생각하는 기업의 미래가치에 달려 있다고 볼 수 있습니다.

그런데 상장기업이 발표하는 재무제표에는 기업의 현재가치가 잘 나타나 있지만, 미래가치는 전혀 알 수 없습니다. 그렇다면 재무제표가 발표되기 전에 기업의 미래가치를 알 수 있는 방법은 없을까요?

실적으로 평가받는 대부분의 기업 주가는 매우 먼 미래가 아닌 당장 1, 2분기 뒤의 실적을 선반영하면서 움직입니다. 그렇다면 앞으로 3개월, 6개월 동안의 기업 매출과 비용을 예측해보면 되는데, 주식 전문가들이 많이 언급하는 'P×Q-C 모델'로 합리적인 추정이 가능합니다. 즉, 매출에 영향을 주는 제품가격 P와 판매량 Q, 그리고 수익을 갉아먹는 비용 C를 생각해보면 됩니다. 그럼 우리가 잘 아는 현대자동차를 예로 들어보겠습니다.

가격을 올릴 수 있는가?

최근 제네시스 브랜드를 단 프리미엄급 모델을 많이 출시하면서 ASP(Average Sales Price), 즉 평균 판매가가 많이 올라가고 있다. 이는 매출 증가로 이어질 것이다.

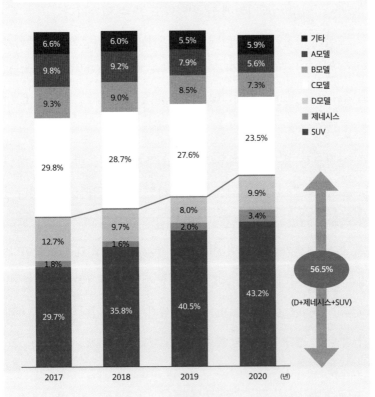

제네시스 매출 비중

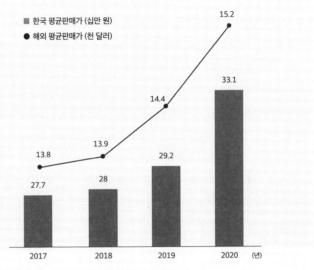

평균 판매가 상승

■ 한국 평균판매가 (십만 원)
● 해외 평균판매가 (천 달러)

15.2

33.1

14.4

13.9

13.8

29.2

28

27.7

2017   2018   2019   2020   (년)

판매량이 증가하는가?

2021년 말 공급망 차질로 인해 판매량 감소 현상이 나타났다. 일시적 공급망 차질로 나타난 판매량 위축 현상은 위드 코로나(with Corona) 속도에 따라 글로벌 공급망이 정상화되면서 다시 반등할 것이다. 특히 최근 위축된 자동차 판매는 미래의 이연매출로 잡히면서 1년 뒤 YoY(전년 동기 대비 증가율) 수치가 상당히 좋게 나올 수도 있다. 혹시 최근 판매량 감소가 공급망 차질로 인해 발생한 현상이 아니라 소비자의 기호가 변해 발생한 현상은 아닌지 확인할 필요가 있다.

현대자동차에 전화를 걸어 제네시스 GV80을 주문하면 언제 수령할 수 있는지 물어보니 주문이 너무 밀려 1년 가까이 걸릴 수 있다는 답변을 받았다. 이를 통해 제네시스 차종의 인기가 식지 않았다는 사실을 알 수 있다. 현대자동차의 기타 모델, 특히 전기차 모델의 인기는 어떨까? 나쁘지 않다. 현대자동차의 해외 판매 비중이 전체 매출에서 60%가 넘기 때문에 해외 판매 동향도 체크해볼 필요가 있다. 중국 시장은 사드 보복 이후 여전히 고전 중이지만, 유럽과 미국에서의 점유율은 역대 최고치다.

그렇다면 코로나19 발생 이후 전 세계 자동차시장은 위축되었을까? 미국 시장 연평균 자동차 판매량과 비교해보니 2020년과 2021년에 300만 대 정도 덜 팔렸다. 자동차 판매량이 급감했던 2008년 글로벌 금융위기 직후에도 자동차 이연수요가 발생하면서 3년 내내 자동차 주가가 주도주 역할을 했다. 당시 현대자동차와 기아자동차의 상승 추세는 2008년 이후 고공행진을 하던 엔고 현상이 2012년 하반기에 끝나면서 꺾여버렸다. 해외 시장에서 일본 자동차와 경쟁하던 현대자동차와 기아자동차의 가격 경쟁력이 떨어지고, 이것이 판매량과 가격, 딜러 비용 등에 영향을 미치면서 영업이익률 하락의 원인이 되었다.

비용 증가 요인은 없는가?

이처럼 현대자동차의 영업이익률에 큰 영향을 미치는 비용으로 자동차 제조원가에 해당하는 인건비, 강판 가격, 페인트 가격 등도 중요하지만, 환율과 같은 매크로 변수도 일본 자동차와의 가격 경쟁력을 떨어뜨리면서 향후 재무제표에 영향을 미치게 된다.

현대자동차의 비용 구조에 악영향을 미칠 것으로 우려되는 요소로 금리 상승에 따른 이자 비용 증가, 석유·철강·화학 등 원자재 가격 상승, 인건비 상승, 유가 상승에 따른 물류비 증가 등을 들 수 있다(2022년 1월 기준). 유가가 110달러를 넘어가며 원자재 가격이 급등했던 2009~2011년 케이스와 비교해보면 이 정도 비용 증가로 영업이익률이 크게 훼손될 것 같지는 않지만, 문제는 지금의 인플레이션이 더 가속화되는가, 아니면 진정되는가에 달려 있다.

이와 같이 P×Q-C 모델을 적용해보았을 때, 최근 현대자동차 주가의 약세 현상은 3가지 우려 사항에 기인한 것으로 추정됩니다. 첫째, 투자자들은 공급망 차질로 인한 판매 둔화가 지속될 것으로 생각하고 있습니다. 둘째, 투자자들은 현대자동차의 공급망이 정상화되더라도 향후 전기차 시장에서 중국의 자동차 회사나 미국 전기차 회사(테슬라, 포드, GM, 그리고 3년 뒤 애플)보다 경쟁력이 떨어져 지금보다 판매량이 줄어들 것이라 우려하고 있습니다. 셋째, 제조원가 상승으로 인한 비용 부담을 가중시키는 현재의 인플레이션이 장기화될 것이라는 우려입니다.

이렇게 현대자동차의 기업가치에 영향을 미치는 P×Q-C 요인과 현대자동차의 주가에 영향을 미치는 대중 심리 상태를 파악했다면, 저는 이런 펀더멘털 요인과 투자자들의 심리에 있어 의미 있는 변화가 발생할 때 빠르게 투자 전략을 수립하고 대응에 나섭니다.

가치투자를 지향하는 투자자라면 현재 자신이 투자하고 있는 기업의 밸류에이션뿐 아니라 P×Q-C 관점으로 향후 1년 동안 이 기업의 매출과 비용에 직간접적으로 영향을 주는 요인들이 현재 어떤 상태에 있고, 또 어떤 방향으로 변화하고 있는지 설명할 수 있어야 합니다.

이런 P×Q-C 모델을 통한 기업가치 변화를 대중들은 알고 있는데 내가 모르고 있다면 투자에서 손실이 발생하고, 반대로 내가 아는 것을 대중들이 아직 인지하지 못하고 있다면 수익이 발생합니다. 다행인 점은 대중들은 공포와 욕심, 또는 무지에 의해 이 방정식을 자주 간과한다는 것입니다.

② 유동성 변화와 변동성

모든 자산가격은 유동성에 영향을 받습니다. 유동성보다는 금리가 자산 가격에 더 큰 영향을 미치는 거 아닌가 하고 반문하는 사람도 있을 텐데, 실질금리 역시 돈의 공급과 수요에 영향을 받습니다. 이는 미국 '10년물 국채의 30년 장기 차트'만 봐도 알 수 있습니다. 명목금리에 영향을 미치는 기대 인플레이션보다 FED(Federal Reserve Bank, 미 연방준비은행)와 ECB(Europe Central Bank, 유럽 중앙은행), BOJ(Bank of Japan, 일본 중앙은행) 등 기축통화국에서 찍어낸 과잉 유동성에 의한 실질금리 하락이 미국 10년물 국채금리의 장기 추세를 우하향 추세로 만들어놓았습니다.

채권시장과 마찬가지로 전 세계 주요 도시의 부동산 가격이나 주식시장이 장기 우상향 추세를 보이는 이유 역시 경기가 계속 좋아졌기 때문이라고 보기보다는 과도한 유동성 공급에 의한 자산 인플레이션 때문이라고 볼 수 있습니다.

이제는 많은 사람들이 이 사실을 인지하고 주식이나 부동산 또

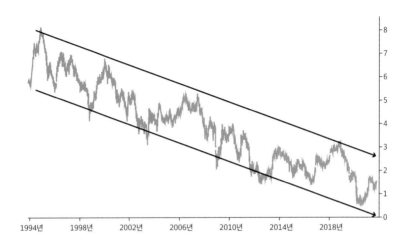

미국 10년물 국채의 30년 장기 차트

는 금과 같은 자산시장에 뛰어들고 있습니다. 자산 상승의 케이블에 올라타지 않으면 상대적으로 나의 부는 계속 내려가고, 최근과 같은 가파른 물가 상승 국면에서는 한마디로 벼락거지가 될 수 있기 때문입니다.

하지만 이렇게 우량자산의 케이블에 올라타는 것도 결코 쉽지 않습니다. 아니, 좀 더 정확하게 이야기하면 올라타는 것도 어렵지만, 목적지까지 잘 끌고 가는 것은 더더욱 어렵습니다. 왜일까요? 그 이유는 3가지입니다.

첫째, 내가 올라타는 자산이 향후 미래에 발생할 인플레이션을 충분히 헷지(hedge)할 수 있는 수준의 우량자산인지 판단이 되지 않기 때문입니다. 둘째, 지금 내가 지불해야 하는 가격이 싼지 비싼지 판단이 되지 않기 때문입니다. 셋째, 위 2가지 이유를 극복하고 자산을 취득하더라도 가격 변동성 때문에 평가손이 커지게 되면, 동물적 본능에 의한 공포감이 내가 선택한 투자 자산에 대한 확고한 신념을 꺾어버리면서 손절매도를 하게 만들기 때문입니다.

주식시장은 부동산 시장에 비해 변동성이 큽니다. 가격 변동성이 심한 자산을 '위험자산'이라고 부르기 때문에 주식도 위험자산으로 분류되곤 합니다. 그런데 자신이 투자하는 주식의 변동성을 이해하고 어느 정도 예측할 수 있다면 그 주식은 위험자산이 아니라 그냥 변동성이 큰 자산이 됩니다. 주식투자가 위험해지는 것은 변동성이 큰 자산에 투자하면서도 변동성을 무시하고 스스로 설정한 무모한 레버리지 포지션 때문입니다.

이렇게 본인의 순투자자금 대비 2배에서 많게는 10배, 20배까지 레버리지를 일으켜 투자하는 것을 영어로는 마진 트레이딩(margin trading)이라 부릅니다. 우리나라에서는 신용투자나 스탁론(stock loan) 등의 형태로 행해지고 있습니다. 한편 이런 레버리지 투자는 투자자가 예측하지 못한 변동성이 발생하게 되면 투자금을 한 번에 모두 날리게 됩니다. 시장 참가자들이 레버리지를 많이 쓸수록 변동성을 야기하는 이벤트가 발생했을 때 그 진폭이 커지게 됩니다. 즉, 낙관적인 시장에서는 레버리지에 의해 가수요가 발생하고, 그 가수요는 자산가격의 거품을 형성합니다. 그 거품이 꺼질 때는 자산의 적정 가격에서 하락이 멈추지 않고 지하 3층, 4층까지 빠지게 되는데, 그 원인은 바로 레버리지 포지션의 강제 청산이 도미노처럼 촉발되면서 시장가로 쏟아져 나오는 반대매매가 대중들의 패닉셀링을 더욱더 부추기기 때문입니다.

자산시장에는 분명 '유동성 장세'가 존재하고, 그 유동성이 다시 언와인드(unwind)되는 '유동성 수축 국면'이 존재합니다. 기축통화국의 유동성 정책에 의해 발생하는 쓰나미와 같은 대형 유동성 장세, 각국의 수출입 동향에 의해 발생하는 지역적인 유동성 장세, 국가의 정책이나 혁신 기술 개발에 따른 섹터별 유동성 장세, 세금이나 경제 제재 등에 의해 나타나는 풍선효과 등 여러 가지 유동성 효과가 자산시장에서 변동성을 야기하는 요인이 됩니다.

그리고 요즘 많이 회자되고 있는 연준의 양적 긴축(QT, Quantitative Tightening)이나 금리 인상 외에도 주식시장의 크고 작은 변동성을 야기하는 유동성 요인들이 있습니다. 예를 들면, 설과 추석 명절을 앞두고 국내 주식시장에 자주 나타나는 일시적 유동성 수축 현상, 대규모 기업공개(IPO)에 의한 주식시장 유동성 수축 현상, 한 종목 10억 원 이상 대주주과세제도로 인해 국내 주식시장에만 나타나는 4분기 약세장 현상 등 투자자들에게 변동성 스트레스를 주는 요인이 꽤 많습니다.

우리는 예금금리가 1%도 안 되는 시대에 살고 있습니다. 세상에 돈은 너무 많고, 가파른 노령화로 인해 선진국들은 저성장 늪에 빠졌습니다. 하지만 너무 많이 풀린 돈이 국경을 넘나들면서 자산시장의 쏠림 현상을 더 심화시키고, 그로 인해 자산가격의 변동성은 갈수록 커지고 있습니다. 특히 해외 투자나 외국인 투자에 대한 제약이 많은 부동산보다는 자금 이동에 대한 규제가 훨씬 덜한 주식시장에서 변동성이 더욱 확대되고 있습니다.

주식투자를 통해 안정적으로 연평균 15% 이상의 투자 수익을 얻고 싶다면 주식시장의 변동성에 대해 공부해야 합니다. 그리고 그 변동성은 대부분 '유동성 변화'에 의해 야기된다는 사실을 반드시 기억해야 합니다.

저는 주식투자에 있어서는 누구보다도 낙관론자입니다. 2020년 코로나19 사태로 인한 폭락장에서 "내년에는 코스피 3000포인트를 돌파할 것입니다. 빚을 내서라도 주식을 사세요"라고 주장하기도 했습니다. 하지만 2020년 9월, 2021년 1월, 2021년 8월경에 신중론자로 바뀌었을 때는 늘 먼저 이 주식 격언을 인용했습니다.

'수급은 모든 재료에 우선한다.'

그리고 왜 단기 조정이 임박했는지 여러 가지 유동성 변화 요인에 대해 설명했습니다. "앞으로 이런저런 이유로 투자자들의 심리에 영향을 미치고, 이는……", "대중들의 지나친 낙관이 가수요를 유발해 기업의 적정가치 대비 과도한 주가 레벨이 형성되었고, 기관과 외국인의 수급은 현재……", "연말로 갈수록 대주주과세제도는 중소형주 수급의 불균형을 야기하기 때문에……"라고 이야기하며 유동성 변화를 가져오는 요인은 무엇인지, 그것이 과거 주식시장에 어떻게 영향을 미쳤는지, 또 어떤 형태의 조정으로 나타났는지 과거 실증 사례를 찾아 설명했습니다.

모든 스포츠는 난이도가 올라갈수록 재미있어집니다. 서핑을 즐기는 사람은 파도가 높을수록 좋고, 스키를 즐기는 사람은 가파르고 모글(mogul)이 많은 슬로프를 좋아합니다. 하지만 초보자들은 난이도가 올라갈수록 재미보다는 부상의 위험만 커집니다. 주식시장의 변동성도 마찬가지입니다. 변동성 없이 완만한 직선으로 주식시장이 상승한다면 대부분의 우량기업 주식은 비싸게 거래되면서 주식으로 얻을 수 있는 기대수익률은 30년 미국채 수익률만큼 뚝 떨어질 것입니다.

주가 변동성은 우리가 예측할 수 없는 영역이라고 치부하며 회피해서는 안 됩니다. 공부하고 분석해 이해하게 되면 주가 변동성은 위험이 아니라 시장이 가끔씩 우리에게 주는 기회라는 선물임을 깨닫게 될 것입니다.

무념무상

저는 대학교 1학년 때 검도부에 가입했습니다. 어릴 시절 동네 태권도장에 다니지 못했던 것이 늘 아쉬워 대학에 입학하자마자 태권도 동아리에 가입하려 했습니다. 하지만 아쉽게도 경희대학교 서울캠퍼스에는 태권도 동아리가 없었습니다. 그때 학생회관 7층에 있는 검도부가 눈에 들어왔고, 중학교 때 검도를 했던 저의 형을 보면서 검도에 대한 동경심도 있었기에 망설임 없이 동기 2명과 함께 가입 신청서를 작성했습니다.

검도는 운동을 마친 뒤 호면(護面)을 벗고 무릎을 꿇은 자세에서 1~3분가량 묵상의 시간을 갖습니다. 초기에는 격한 운동을 마친 뒤 "묵~상!"이라는 구호와 함께 눈을 감으면 머릿속에 온갖 잡생각이 떠올랐지만 훈련을 거듭할수록 이런저런 잡생각을 지우고 머리를 비우게 되었습니다.

검도에서 대련을 할 때는 호구(護具) 장비를 착용합니다. 이때 얼굴과 머리를 보호하기 위해 뒤집어쓰는 장비를 호면이라 합니다. 호면을 쓰기 전에 정수리를 보호하고 땀이 흘러내리는 것을 막기 위해 머리에 면 수건을 쓰는데, 이 면 수건에는 사자성어나 좋은 글귀가 적혀 있습니다.

검도를 하면서 가장 좋아했던 글귀는 '무념무상(無念無想)'입니다. 이는 불교 용어로, 무아(無我)의 경지에 이르러 일체의 상념이 없다는 뜻입니다. 처음에는 이 글귀를 보고 죽도(竹刀)를 들고 대련을 하든, 날이 시퍼런 진검을 들고 목숨을 건 진검승부(眞劍勝負)를 하든 과연 '무념무상'이 가능할까 의문이 들었습니다. '실전 대련이라면 한순간에 큰 부상을 당할 수도 있고, 심할 경우 목숨을 잃을 수도 있는데, 어떻게 아무 생각 없이 싸울 수 있단 말인가?' 하는 물음표가 있었지만 시간이 지날수록 그 의미를 조금씩 깨닫게 되었습니다.

검도는 상대방의 머리나 손목, 허리를 죽도로 제대로 타격하거나 목을 정확히 찔러야 승리를 거둘 수 있습니다. 죽도의 스피드가 워낙 빨라 조금만 자세가 흐트러지거나 집중력을 잃으면 순식간에 일격을 당하게 됩니다. 검도 경기에서는 단순히 승부가 갈리는 것으로 끝나지만, 전쟁 중에 진검을 들고 싸우는 상황이라면 한 번의 실수로 목숨을 잃을 수도 있습니다. 그런 상황에서 과연 검객들은 두려워하지 않고 침착할 수 있을까요? 대부분의 사람은 목숨을 건 대결 상황에서는 생존 본능에 의해 극도의 긴장감과 공포감을 느낄 것입니다.

큰 상금이 걸려 있는 각종 스포츠 대회의 결승전이나 올림픽 결승 경기에서 지나치게 긴장을 한 선수가 어이없는 실수로 경기를 망치는 일이 종종 발생하곤 합니다. 그래서 선수들은 경기에 앞서 기도를 하거나 음악을 들으며 긴장을 풀거나 큰 소리로 파이팅을 외치며 실수에 대한 두려움을 떨쳐내려 노력합니다. 두려움이 없어야 제 실력을 발휘할 수 있고, 어이없는 실수를 방지할 수 있기 때문입니다.

제가 고등학생 때 아버지를 따라 거제도로 피서를 갔다가 큰 위험에 빠질 뻔한 경험이 있습니다. 구명조끼도 입지 않고 혼자 남해의 청정해역 바다를 만끽하며 수영을 하고 있었는데, 해변으로부터 30~40미터 이상 벗어났을 때 갑자기 '발 밑에 상어가 나타나면 어떡하지?' 하는 불길한 생각이 떠올랐습니다. 순간 덜컥 겁이 나 방향을 틀어 급하게 해변 쪽으로 수영을 하기 시작했습니다. 그런데 조금 전까지만 해도 한 마리 물개처럼 여유롭게 바다를 헤집고 다녔던 모습은 온데간데없고 온몸에 힘이 잔뜩 들어가 물에 빠진 초보자처럼 당황하며 허우적거리게 되었습니다. 힘이 들어간 몸은 유연성을 잃어버렸고, 그렇게 무거워진 몸은 자꾸만 가라앉아 입에 물이 들어오기 시작했습니다. 다행히 바닷물은 수영장 물과 달리 부력이 강해 웬만해서는 몸이 가라앉지 않기 때문에 급히 몸을 뒤집어 배영 자세로 바꾸고 숨을 가다듬었습니다. 그리고는 천천히 수영을 해 안전하게 해변에 도착했습니다. 죽을 고비를 넘긴 저는 한참 동안 해변에 누워 무엇이 저를 위험한 상황에 처하게 했는지 생각해보았습니다. 그것은 바로 '부정적인 상상과 그로 인한 두려움'이었습니다.

무념무상은 바로 이런 두려움을 야기하는 잡생각을 머릿속에서 지우는 것입니다. 내가 이기고 있다고 상대를 얕잡아 보는 교만함을 비우는 것 역시 무념무상입니다. 무사(武士)는 목숨을 걸고 싸우는 직업이기에 무념무상이 더더욱 중요했을 것입니다. 자신의 몸을 경직시키는 부정적인 생각과 마음속의 적(敵)을 먼저 이겨내야 한다는 사실을 무사들은 알고 있었던 것입니다.

저는 평소 멘탈이 강하다는 이야기를 많이 듣습니다. 남들보다 멘탈이 강한 것은 대학교 때 검도를 하며 무념무상을 훈련해서인지, 타고난 낙천적인 성격 때문인지 솔직히 잘 모르겠습니다. 어쩌면 둘다 인 것 같습니다. 성격도 워낙 낙천적이지만, 멘탈이 강해지는 좋은 글귀를 꾸준히 읽고 그것을 내것으로 습득하는 훈련을 한 덕분이라고 생각합니다.

투자를 할 때도 멘탈 관리는 필수입니다. 이 세상에 정신적으로나 육체적으로 고생하지 않고 돈을 버는 방법이 있겠습니까? 투자는 육체노동은 덜 하지만 정신적 노동과 심리적 고통이 심한 작업입니다. 저는 투자 자체를 전쟁이나 전투라고 생각합니다. 투자로 내 소중한 자산을 쉽게 잃을 수도 있고, 반대로 남의 부를 쉽게 가져올 수도 있기 때문입니다. 한마디로 매일매일 '쩐의 전쟁'이 벌어지고 있고, 우리는 이 전쟁터에서 엄청난 정신적 노동을 하며 경제적 자유를 위해 힘겹게 투자를 하고 있는 것입니다.

그런데 이 험악한 전쟁터에 뛰어들어 내 노후가 달려 있는 소중한 돈을 나만의 멘탈 관리 방법도 없이 투자한다는 것은 유리 멘탈을 가지고 UFC 링에 오르는 것과 다를 바가 없습니다. 변동성이라는 시장의 역습과 온갖 악재성 재료 출현에 의한 주가 급락, 대중의 쏠림 현상으로 만들어지는 과열과 과매도 국면에서 투자자는 자신의 마음을 관리할 줄 알아야 합니다. 무념무상의 경지까지는 아니더라도 최소한 어떤 상황에서도 평정심을 유지할 수 있어야 합니다. 투자자에게 있어 평정심이란 내가 투자하려는 기업의 밸류에이션을 믿고, 그 기업의 주가가 내가 생각한 목표에 도달할 때까지 조급해하지 않고 우직하게 기다릴 줄 아는 마음입니다.

서울에서 뉴욕으로 가는 비행기에 탔다면 중간중간 발생하는 터뷸런스(turbulence, 난기류)를 두려워해서는 안 됩니다. 터뷸런스를 겪으면 누구나 '이러다 추락하는 거 아냐?'라는 생각에 불안감을 느낍니다. 하지만 '비행기는 이 정도 터뷸런스엔 절대 훼손되지 않아'라는 확고한 믿음이 있다면 그런 상황 속에서도 책을 읽거나 영화를 볼 수 있습니다. 엘리베이터를 탔는데 정전으로 갑자기 작동이 멈춰 갇히는 경우도 있습니다. 그럴 때 가장 좋은 방법은 억지로 문을 열고 탈출하는 것이 아니라, 비상벨을 누르고 도움을 요청한 후 정상적으로 작동될 때까지 평정심을 유지하며 기다리는 것입니다.

주식투자를 통해 경제적 자유를 얻고자하는 분들은 한번 생각해보기 바랍니다. '나는 과연 쩐의 전쟁터에서 변동성을 이길 만한 멘탈을 가지고 있는가? 내가 투자한 기업의 주가가 오르지 않을 경우 여유를 가지고 기다릴 수 있는가?' 위대한 기업의 주식을 아무리 좋은 가격에 산다 해도 자신의 멘탈을 제대로 관리하지 못한다면 투자 세계에서 절대 성공할 수 없습니다.

금융강국의
조건

제7장

한국 투자자들, 금융에 눈뜨다

2021년 5월 공매도 재개 방침에도 불구하고 코스피지수는 한 달 뒤 사상 최고가 행진을 갱신하며 6월 25일 3316포인트를 기록했습니다. 코로나19 위기에도 기업들의 탄탄한 실적 성장과 풍부한 시중 유동성을 바탕으로 국내 주식시장은 2020년 3월 기록한 1439포인트 저점 대비 무려 130% 상승하며 주식시장을 뜨겁게 달구었습니다. 대부분의 선진국이 천문학적인 규모의 코로나 지원금을 살포하면서 부동산과 원자재 가격도 가파르게 상승했습니다. 그러자 자산을 취득하지 못하면 보유하고 있는 현금은 쓰레기가 될 것이라는 두려움이 커지면서 많은 사람들이 부동산, 금, 원자재, 가상화폐, ETF, 주식 등과 같은 자산을 취득하기 위해 너도 나도 투자 세계에 뛰어들었습니다.

한편 국내 개인 투자자들은 2020년 초부터 2021년 12월 말까지 무려 140조 원이 넘는 국내 주식을 매수했습니다. 해외 주식도 마찬가지였습니다. 2019년 연말 기준 17조 원 수준의 해외 주식을 보유했던 서학개미들의 해외 투자 규모는 2021년 말에 95조 원(810억 달러)까지 늘어나며 동기간 80조 원가량의 해외 주식을 매수했습니다. 개인 투자자들은 2020년부터 2년 동안 국내외 주식시장에서 무려 220조 원의 주식을 쓸어 담은 것입니다.

이런 열기로 인해 주식시장에서는 '동학개미 혁명'이라는 말이

투자자별 매매 현황(2020년 1월~2021년 12월)

투자자	주식(장내)			주식(코스닥)			KSP200 선물(계약 수)		
	매도	매수	순매수	매도	매수	순매수	매도	매수	순매수
개인	43,407,728	44,541,656	1,133,928	48,850,137	49,122,354	272,217	31,738,985	31,722,822	-16,163
외국인	12,373,624	11,871,962	-501,662	5,230,135	5,225,161	-4,974	105,455,701	105,571,514	115,813
기관계	12,026,930	11,385,294	-641,636	1,652,984	1,494,169	-158,815	16,122,671	16,021,384	-101,287
금융투자	4,024,622	3,962,808	-61,814	650,715	638,770	-11,945	10,540,930	10,515,311	-25,619
보험	464,081	388,635	-75,446	76,045	71,523	-4,522	509,083	496,461	-12,622
투신	948,082	837,108	-110,974	362,524	327,910	-34,614	3,429,835	3,377,665	-52,170
은행	57,386	32,661	-24,725	11,125	6,254	-4,871	94,664	89,593	-5,071
기타 금융	49,676	35,052	-14,624	34,083	9,258	-24,825	46,396	46,152	-244
연기금	5,925,561	5,655,988	-269,573	209,500	206,615	-2,885	1,501,763	1,496,202	-5,561
기타 법인	589,699	596,659	6,960	387,843	281,285	-106,558	2,263,017	2,264,654	1,637

출처: 대신 CYBOS

탄생했습니다. 구한말 탐관오리의 폭정과 탄압에서 벗어나 정당한 노동의 대가를 원했던 농민들의 바람이 최근 주식투자를 통해 경제적 자유를 쟁취하겠다는 투자자들의 열망과 일맥상통하다는 점에서 그렇게 이름이 붙여진 듯합니다.

최근 2년 동안 국내 주식투자자의 수는 1100만 명까지 늘어났고, 이들의 주된 투자 목적은 '안정된 노후를 위해 경제적 자유를 이루는 것'입니다. 경제적 자유는 영어로 'Financial Independence' 또는 'Economic Freedom'이라고 표기하는데, 여기서 '자유'라는 단어를 쓴 것은 많은 사람이 경제적으로 자유롭지 못하고 돈에 종속된 노예와 같은 삶을 살고 있기 때문입니다. 그리고 대부분의 노동자는 은퇴 후에 소득 없이 30~40년을 살아야 한다는 것에 큰 두려움을 갖고 있습니다. 현대 의학의 발전 덕분에 우리의 기대수명은 날이 갈수록 늘어나고 있는 상황에서 직장 없이 살아야 하는 은퇴 후 30년이 걱정되는 것은 당연합니다.

『21세기 자본』의 저자 토마 피케티(Thomas Piketty)는 "양극화의 이유는 노동 소득이 자본 소득을 쫓아가지 못해서다"라고 말했습니다. 제가 처음 취업을 했던 1994년 대기업 대졸 사원의 초봉은 1500만 원 전후였는데, 30년 가까이 지난 지금은 대략 4500만 원 전후이니 3배 가까이 올랐다고 볼 수 있습니다. 그런데 1994년 대비 전국 대도시 아파트 가격은 무려 5~10배 가까이 상승했으므로 토마 피케티의 지적은 틀리지 않았습니다.

이런 이유로 현명한 투자자들은 노동으로 확보한 소득을 우량자산으로 끊임없이 전환시켜 그 우량자산을 통해 물가 상승을 뛰어넘는 부를 축적했습니다. 로버트 기요사키(Robert Kiyosaki)는 자신의 저서 『부자 아빠, 가난한 아빠』(형선호 옮김, 황금가지, 2001년)를 통해 '부자들은 돈을 위해 일하지 않는다. 부자들은 돈이 나를 위해 일하게 한다'라고 이야기하며 투자의 중요성을 강조했습니다.

메리츠자산운용의 존 리(John Lee) 대표님을 비롯해 많은 투자 전문가들이 유튜브나 강연을 통해 이런 자본주의 현실을 국민들에게 설파해왔고, 또 경제적 자유를 얻을 수 있는 해결 방법으로 주식투자를 독려했습니다. 그로 인해 지금은 많은 사람이 주식투자의 필요성을 절실하게 느끼고 있습니다.

전 미 연준 의장, 앨런 그린스펀은 "문맹은 생활을 불편하게 하지만 금융 문맹은 생존을 불가능하게 만든다"고 말했습니다. 6년 전까지만 해도 우리나라의 금융 문맹률은 OECD 국가 중 꽤 높은 수준이었습니다. 하지만 우리나라 국민들의 학구열이 워낙 높다 보니 지금은 상황이 많이 달라졌습니다. 최근 2년 동안 주식투자 열풍과 학습 분위기가 조성되었고, 고품격 경제 방송에서 양질의 금융 교육 콘텐츠들이 매일매일 쏟아져 나오면서 우리나라 국민들은 세계 최고의 금융 지식을 갖게 되었습니다. 그 어느 나라 주식투자자들도 연준의 금리정책과 대차대조표, 연방공개시장위원회(FOMC)에서 거론되는 점도표, 중립금리, YCC(Yield Curve Control, 수익률 곡선 통제) 등을 우리나라 주식투자자들만큼 잘 알지 못할 것입니다. 다양한 경제 유튜브 채널이 최상의 지식 플랫폼이 되어 양질의 집단지성을 만들어내면서 대한민국은 정보의 비대칭성 없이 개인들이 주식투자를 할 수 있는 최고의 환경이 조성되어 있습니다.

이런 지식 공유 플랫폼의 눈부신 발전과 함께 많은 신규 투자자들이 경제적 자유를 꿈꾸며 국내외 주식시장에 뛰어들었습니다. 그러나 2021년 6월 사상 최고가를 갱신하며 랠리를 거듭하던 코

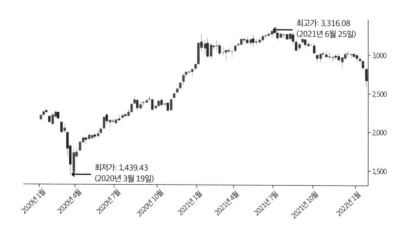

2020~2022년 코스피지수의 움직임

최고가: 3,316.08
(2021년 6월 25일)

최저가: 1,439.43
(2020년 3월 19일)

스피는 기업들의 탄탄한 실적 발표에도 불구하고 스멀스멀 힘없이 밀리더니 2022년 1월 28일 2591포인트를 기록하며 불과 7개월 만에 고점 대비 -21.8%까지 하락했습니다.

통상 그 나라를 대표하는 지수가 -20% 하락할 경우에는 '약세장에 진입했다'라고 이야기하는데, 경제적 자유를 외치며 뒤늦게 지수 2700포인트 이상에서 주식시장에 뛰어든 투자자들은 최근 약세장을 만나며 대부분 투자 손실을 보게 되었습니다.

위기에 봉착한 금융 시스템

주식시장의 변동성은 어디에나 존재합니다. 변동성은 한국 주식시장뿐 아니라 미국, 영국, 독일, 일본, 홍콩 등 어느 나라의 주식이든 그 안에 내재된 본질적인 성질입니다. 저 역시 저서 『투자의 본질』을 통해 주가 변동성의 원인에 대해 설명하고, 자신이 투자하는 주식의 변동성을 잘 이해해 투자 손실을 최소화해야 한다고 강조했습니다. 고점 대비 -10%, -20% 주가 변동성은 결코 한국 주식시장만의 문제가 아닙니다.

그러나 제가 보기에 최근 한국 주식시장은 큰 위기에 봉착했습니다. 고품격 경제 방송을 통해 양질의 금융 교육을 받은 국내 주식투자자들이 금융에 눈을 뜨면서 한국 주식시장만의 구조적 결함을 조금씩 발견하기 시작한 것입니다. 그동안 소액주주의 가치가 어떻게 훼손되는지 모르고 피해를 보았던 국내 투자자들이 이 사회나 주주총회에서 결정된 여러 가지 기업 금융 기법이 어떻게 주주들에게 피해를 주는지 그 실체를 알게 된 것입니다.

구체적으로 예를 들면, 대주주를 위한 물적분할이 왜 소액주주의 가치를 훼손하는 건지, 전환가격 조정 옵션이 있는 전환사채 발행이 왜 기존 주주의 부(富)를 전환사채 투자자의 부로 이전시키는 건지 알게 되었습니다. 또 대규모 자사주를 취득한 뒤 인적분할을 하고, 다시 분할된 회사의 지분을 스왑(Swap) 또는 현물출자하는 방식을 통해 돈을 들이지 않고 대주주의 기업 지배력을 높이는 행위 등의 폐해도 눈치채게 되었습니다. 그런데 사실 이런 행태가 어제오늘의 일도 아닌데, 왜 지금 한국 주식시장에 큰 위기로 작용하는 것일까요?

제가 심히 걱정하는 이유는 몇몇 기업의 독단적이고 부도덕한 행태로 인해 한국 금융 시스템을 지탱하고 있던 '신뢰의 둑'이 한번에 무너질 수도 있기 때문입니다. 우리는 자유민주주의 국가 미국에서 인권 문제로 인해 폭동이 발생했다는 소식을 종종 접합니다. 정치와 치안이 불안한 남미에서는 더욱 자주 폭동이 발생합니다. 이런 폭동의 과정을 잘 살펴보면, 처음에는 과격한 몇몇 폭도들만 상점을 약탈합니다. 그러나 시간이 지날수록 일반 시민들마저 '집에서 가만히 있는 나만 손해 보는 거 아닌가?'라고 생각해 도미노처럼 거리로 뛰쳐나와 약탈에 가담합니다. 그들은 다른 사람들도 모두 약탈을 하기에 양심의 가책을 느끼지 못하고 오히려 기쁨의 환호성을 내지릅니다. 이런 범죄와 무질서 현상이 왜 걷잡을 수 없이 나타나는지를 미국의 범죄학자 제임스 윌슨(James Wilson)과 조지 켈링(George Kelling)은 1982년에 발표한 '깨진 유리창 이론(Broken Windows Theory)'◆을 통해 설명했습니다. 작금의 한국 주식시장은 이렇게 도덕적 양심이 무너진, 약탈의 장이 되기 직전의 모습 같아 보입니다.

2019년 사모펀드에 대한 신뢰를 한 방에 무너뜨리며 조(兆) 단위 피해를 가져온 L사와 O사의 펀드 사기 사건이 잊히기도 전에 최근 주식시장에는 다양한 사건이 발생했습니다. 상장 후 1년도 안 되어 코스닥 시가총액 2위까지 올랐던 신라젠이 3년도 되지 않아 거래 정지가 되었다가 최근 상장폐지 결정이 나면서 17만 명의 피해자를 양산한 사건, 직원의 천문학적 규모의 횡령으로 거래 정지가 된 오스템임플란트 사건, 주주가치를 높일 수 있는 인적분할 방식을 저버리고 국민연금도 반대하는 물적분할을 강행하며 주주

◆ 깨진 유리창 이론: 자동차 유리가 깨진 것을 방치하면 후속적으로 주요 부품 약탈 등이 일어나 결국 자동차를 폐차해야 할 수준까지 이르게 된다는 뜻으로, 사소한 문제의 방치가 큰 무질서로 이어질 수 있다고 주장한 이론이다.

가치를 심각하게 훼손시키는 몇몇 기업 경영진들의 대담한 결정은 대한민국 금융 시스템을 붕괴시키는 '연쇄 다이너마이트'처럼 느껴집니다.

혹자는 '펀드 사기나 공금 횡령 같은 범법 행위가 아닌, 합법적인 테두리 안에서 실행된 우리사주 조기 매각이나 물적분할 결정 케이스가 무엇이 문제지?' 하고 따질 수도 있습니다. "법적인 문제가 없는데 뭐가 문제인가?", "대기업도 하는데 우리는 왜 안 되나?"라고 묻는 사람도 있을 것입니다. 저는 이렇게 되묻고 싶습니다.

"매표소 앞에서 새치기하면 안 된다고 법에 적혀 있습니까?"

"공용주차장에서 선에 딱 맞춰 주차하지 않으면 벌금 냅니까?"

"노약자를 배려해야 한다는 법 문구가 있습니까?"

사회 질서는 법으로만 지켜지는 것이 아닙니다. 사회 구성원들의 도덕과 양심, 책임감이 뒷받침되어야 합니다. 선진국과 후진국은 강력한 법 규제의 존재 여부가 아니라 도덕적 양심에 의해 결정되는 사회 질서 수준으로 나뉩니다. 선진국은 경찰이 없어도 사회 질서가 잘 지켜지고, 후진국은 강력한 법과 공권력이 있어도 사회 질서가 엉망입니다.

우리나라는 어떻습니까? 선진 금융 시스템이 정착하기에는 아직 후진국인가요? 아직도 먹고살기 급급해 도덕적 양심보다는 당장 눈앞의 이익부터 챙겨야 하는 나라인가요? 한 번 따져보도록 합시다.

우리나라는 1인당 국민소득이 3만 5000달러를 돌파하면서 (2021년 기준) 스페인, 대만, 쿠웨이트를 제치고 이탈리아와 비슷한 선진국으로 발돋움했습니다. 우리 바로 위에 일본, 영국, 프랑스와 같은 나라들이 있습니다. MSCI 선진국 지수 선정 위원회를 제외하고는 그 누구도 대한민국이 선진국이 아니라고 주장하지 못할 것입니다. [참고로 MSCI는 아직도 한국 주식시장을 EM(Emerging Market), 즉 신흥시장으로 분류하고 있습니다.]

객관적인 경제 데이터뿐 아니라 우리나라 기업과 예술가들이 만들어내는 제품과 예술 작품은 이제 세계가 인정하고 감탄합니다. 국민들의 의식 수준과 매너도 결코 선진국에 뒤지지 않습니다. 특히 우리나라는 그 어느 나라보다 기술적 혁신에 의한 패러다임 변화에 빠르게 적응하고 대응합니다. 그래서 많은 경제연구소가 한국의 1인당 국민소득이 5년 안에 일본을 추월할 것이라 예상하고 있습니다. 대한민국은 분명 자타가 공인하는 선진국입니다. 이제 금융 시스템도 그 위상에 맞는 품격을 갖추어야 합니다.

신뢰의 둑이 무너지고 있는
한국 주식시장

자, 이제 우리나라의 주식시장에 대해 구체적으로 이야기해봅시다. 주식시장은 장기적으로는 그 나라 국민총생산(GDP)의 규모와 비슷하게 성장합니다. 전설적인 투자자 앙드레 코스톨라니(Andre Kostolany)가 이야기한 것처럼 코스피 시가총액과 우리나라 GDP 규모를 비교해보면 GDP는 산책하는 주인, 코스피는 주인의 곁을 맴돌며 촐싹거리는 강아지와 같다는 사실을 알 수 있습니다. 다음 그래프 'GDP 대비 증시 규모'에서 확인할 수 있습니다.

2021년 말 기준, 한국의 GDP는 1조 7000억 달러(약 2000조 원) 수준으로 추정되며, 코스피의 시가총액은 2203조 원을 기록했습니다. 2021년 한국의 GDP는 4.0% 성장했는데, 코스피지수 역시 그와 비슷하게 3.7% 상승률을 기록했습니다. 물론 여기에 코스피 배당수익률 1.52%를 더하면 주식투자 수익률은 GDP 성장률보다 1%포인트 높은 수익률을 기록했다고 볼 수 있습니다. 코로나19가 발발한 2020년에도 코스피는 30.7% 상승했으며, 2.2%의 배당수익률을 보너스로 투자자들에게 안겨주었습니다. 최근 10년 동안 연준의 든든한 지원을 받으며 혁신기업 중심으로 승승장구하고 있는 미국 주식시장보다는 수익률이 뒤처지지만, 한국 주식

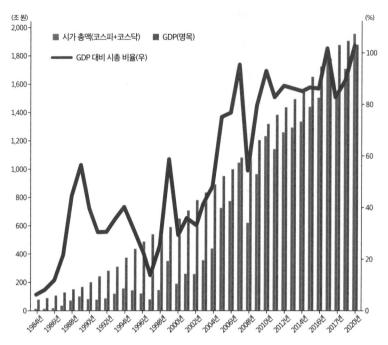

GDP 대비 증시 규모

(조 원)
2,000
1,800
1,600
1,400
1,200
1,000
800
600
400
200
0

(%)
100
80
60
40
20
0

■ 시가 총액(코스피+코스닥)   ■ GDP(명목)

━━ GDP 대비 시총 비율(우)

1984년 1986년 1988년 1990년 1992년 1994년 1996년 1998년 2000년 2002년 2004년 2006년 2008년 2010년 2012년 2014년 2016년 2017년 2020년

코스닥은 2004년부터 반영, 2020년 GDP는 OECD 전망 기준

출처: 헤럴드경제, 한국은행, 한국거래소

시장은 경제적 자유를 간절히 원하는 투자자들에게 그 꿈을 실현시켜 줄 수 있는 자격이 충분합니다.

장기적으로 탄탄해 보이는 GDP 성장력과 그 성장을 견인하는 국내 우량기업들의 기술력과 맨파워(manpower, 특정한 분야에 숙련된 인력), 그리고 아직 저렴한 가격으로 평가받고 있는 한국 기업들의 밸류에이션 수준을 보면 지구상에 한국 주식시장만큼 매력적인 시장은 없습니다. 존 리 대표님은 자주 이렇게 말씀하십니다.

"한국 주식시장은 너무 저평가되어 있어서 매력적이에요."

그 말씀에 저는 200% 동의합니다. 이 모든 매력 포인트의 원천은 세계적인 경쟁력을 가진 우량기업들을 만들고 키워낸 창업자와 임직원들의 피나는 노력임을 우리 국민들은 매우 잘 알고 있습니다.

제조업에 종사하신 저의 아버지는 늘 이렇게 말씀하셨습니다.

"대한민국에서 제조업을 하는 사람은 모두 애국자다."

아버지께서 한창 일하셨던 1970~1980년대에는 세계 시장에 내놓을 만한 서비스업이나 소프트웨어가 없었습니다. 제조업을 통한 수출만이 달러를 벌어들일 수 있는 유일한 길이었기에 그렇게 말씀하신 듯합니다.

저는 우리나라 기업을 만든 창업자와 경영자들이 진정한 애국자라고 생각합니다. 해외에 나가 "I am from KOREA!"라고 당당하게 말할 수 있는 자긍심을 만들어준 삼성, 현대, LG, SK, 한화 등 국내 대기업에게 진심으로 감사합니다. 그리고 우리에게 문화적 자신감을 갖게 해준 BTS, 블랙핑크, 트와이스 등의 가수들과 기획사, 그리고 「겨울연가」, 「대장금」, 「별에서 온 그대」, 「기생충」, 「오징어 게임」 등에 출연한 연기자와 드라마 제작사에도 고마운 마음을 갖고 있습니다.

　일본은 국가 성장의 동력을 잃어가고 있는 반면, 우리나라는 지속적으로 성장하고 있습니다. 세계 최고의 제품과 콘텐츠를 만들어내는 자랑스러운 기업들이 계속해서 탄생하고 있습니다. 이런 기업들은 제1, 제2금융시장에서 자금을 조달하며 성장해왔습니다. 은행과 같은 제1금융권은 대출을 통해 기업들에게 자금을 지원해왔고, 증권사나 보험사, 창투사(창업투자회사)와 같은 제2금융권은 기업들이 발행하는 회사채나 주식에 대한 투자를 통해 기업들을 지원해왔습니다. 이렇게 발행된 기업의 채권과 주식은 주식시장이라는 거대한 유통시장을 통해 거래되면서 투자자들에게 가장 중요한 유동성과 환금성을 제공하는 역할을 합니다.

　이렇듯 금융시장은 기업들이 태동하고 성장하는 데 있어 어머니의 탯줄과 같은 역할을 합니다. 산모의 영양 상태가 나빠지거나 탯줄이 오염되면 절대 건강한 아이가 태어날 수 없습니다. 기업이 태아라면, 산모는 그 나라 경제 시스템이라 볼 수 있고, 탯줄을 통해 공급되는 영양분이 기업 성장에 반드시 필요한 자금이라면, 그 자금을 원활하게 공급하는 탯줄은 바로 금융 시스템이라 할 수 있습니다.

　최근 2년 동안 개인 투자자들은 국내 주식시장에서 140조 원이나 매수를 했습니다. 투자자들은 특정 기업의 주식을 취득하면 그 기업의 경영진과 파트너십을 맺었다고 생각합니다. 물론 투자 성향에 따라 어떤 투자자는 주식을 몇 개월 만에 매도하기도 하고, 어떤 투자자는 부동산처럼 오래 가지고 있기도 합니다. 투자 성향에 따라 투자하는 기간은 차이가 있을 수 있지만, 그들은 공통적으로 '내가 투자하는 기업을 통해 투자 수익을 얻어 경제적 자유를 누릴 수 있다는 믿음'을 가지고 주식을 매수합니다.

제가 작금의 현실을 한국 주식시장의 최대 위기라고 보는 이유는 바로 이 믿음이 깨지고 있기 때문입니다. 내가 신뢰하고 파트너십을 맺었다고 생각한 기업의 임직원이 IPO 후 단기적으로 형성된 높은 가격에 주식을 팔기 위해 퇴사해버리고, 가장 정직해야 할 재무부장이 엄청난 금액의 회사 자금을 횡령하고, 신뢰와 화합, 행복을 경영 철학으로 내세우는 기업이 주주가치를 훼손하는 기업 분할과 특수사채 발행을 너무나도 당당하게 결정하면서 우리나라 주식시장 전체에 거대한 불신과 분노의 화염이 휘몰아치고 있습니다. 이 불신의 불길이 잡히지 않으면 MSCI 선진국 편입과 같은 이벤트는 아무 의미가 없습니다.

저는 우리나라 기업들의 경영진이 물적분할과 같은 이벤트가 왜 소액주주의 가치를 훼손하는 것인지, 그런 물적분할 결정이 우리나라의 주식시장과 사회, 경제에 얼마나 큰 영향을 미치는지 잘 알지 못해 그런 결정을 해왔다고 생각합니다.

저는 국내 주식시장에 10년, 20년 이상 종사한 투자 전문가들이 2020년 9월 LG화학이 결의한 물적분할이 주가에 긍정적인 영향을 미치니 고객들에게 LG화학을 매수하라고 조언하는 모습을 본 적이 있습니다. 증권업계에 오래 종사한 전문가들조차 물적분할이 왜 주주의 가치를 크게 훼손하는지 알지 못하는데, 오랫동안 제조업에 종사해온 기업 경영진들은 더더욱 모를 수도 있다고 생각합니다.

잘못된 결정이
투자자에게 미치는 영향

지금부터는 LG화학의 물적분할로 인해 주주들이 얼마나 큰 피해를 보았는지 살펴보겠습니다. 2020년 코로나19 발발 이후 도래한 강세장에서 주식시장 최고의 주도 섹터는 테슬라를 중심으로 한 전기차 섹터였습니다. 미국 주식시장은 테슬라가, 중국 주식시장은 CATL이, 국내 주식시장은 LG화학과 삼성SDI, 기타 2차전지 소재 회사가 주도주 역할을 했습니다.

그러나 이런 분위기 속에서 2020년 9월 17일 LG화학은 물적분할을 발표했습니다. 발표 하루 전 주가는 687,000원이었고 시가총액은 48조 5000억 원이었습니다. 같은 날 삼성SDI의 주가는

449,500원, SK이노베이션의 주가는 156,500원, 에코프로비엠의 주가는 148,000원, 중국 CATL의 주가는 198달러(약 22만 원), 테슬라의 주가는 441달러(약 49만 원)였습니다.

아래 표를 보시면 LG화학이 물적분할을 발표한 이후에도 대부분의 경쟁사들의 주가는 지수 상승률을 크게 웃도는 수익률을 기록했습니다. 물적분할을 결정하고 자회사 상장을 강행한 LG화학만이 분할 발표 시점을 기준으로 마이너스 수익률을 기록했습니다. LG화학이 업계 최고의 기술력과 시장 경쟁력을 가진 회사임을 고려하면, 물적분할과 자회사 상장 강행이 LG화학 주주들에게 명백히 피해를 줬다는 것을 알 수 있습니다. 다음 페이지 LG화학의 주가 그래프를 보면 더 와닿으실 겁니다.

전기차 섹터 주요 기업의 주가 변화

기업	2020년 9월 16일 주가(A)	2021년 주가상승률	2021년 말 주가(B)	(A)~(B) 주가상승률
LG화학	687,000원	-25.36%	615,000원	-10.5%
삼성SDI	449,500원	+4.3%	655,000원	+45.7%
SK이노베이션	156,500원	+25.5%	238,500원	+52.4%
에코프로비엠	148,000원	+194%	500,800원	+238%
CATL	198달러	+80%	588달러	+197%
테슬라	441달러	+49.7%	1,056달러	+139%
평균(LG화학 제외)		+70.76%		+134%

LG화학의 주봉 차트

최고가: 1,050,000원
(2021년 1월 15일)

최저가: 230,000원
(2020년 3월 19일)

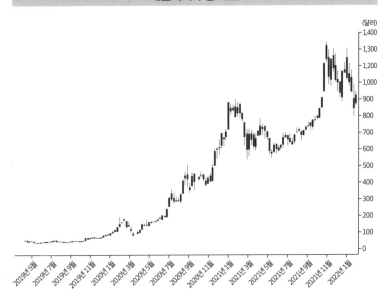

테슬라의 주봉 차트

만약 LG화학이 물적분할과 자회사 상장을 강행하지 않았다면, 주가는 최소 삼성SDI와 SK이노베이션 수준으로 상승했을 것입니다. 1등 기업의 프리미엄을 가정하면 그 이상의 상승도 가능했을 것이라 생각되지만, 보수적으로 가정해 두 경쟁사의 평균 주가상승률 48%를 적용해보면 주가는 1,016,760원이 나옵니다. 시가총액으로 계산하면 71조 7000억 원입니다.

LG화학이 물적분할이 아닌, 기존 주주가 분할된 두 회사의 주식을 모두 소유할 수 있는 인적분할을 했다고 가정하면 주주들의 상대적 기회 손실은 더더욱 커집니다. 물적분할 이후 2022년 1월에 상장한 LG에너지솔루션의 1월 말 주가는 45만 원을 기록했고, 이를 시가총액으로 환산하면 105조 3000억 원입니다. 1월 말 LG화학의 시가총액은 45조 1000억 원이었습니다. 두 회사의 시가총액을 합산하면 150조 4000억 원이 됩니다.

물론 인적분할을 했다고 가정하면 물적분할 후 IPO를 통해 유입된 자금 12조 7500억 원은 기업가치 산정에서 차감하는 것이 맞을 것입니다. 그리고 LG화학이 LG에너지솔루션의 지분을 지금과 같이 81.84%를 소유하지 못하므로 동종업계 경쟁사인 롯데케미칼의 시가총액에 2차전지 첨단 소재 부문의 가치, 생명공학 부문의 가치 등을 모두 합산한다고 가정하면 아주 보수적으로 잡아 15조 원 수준의 시가총액을 기록했을 것입니다.

따라서 인적분할을 했다고 가정했을 때 LG화학 15조 원과 LG에너지솔루션 105조 3000억 원을 더하고, 거기에서 IPO 공모자금 12조 7500억 원을 차감하면 두 회사의 합산 가치는 107조 5500억 원이 됩니다.

인적분할 가정 시 합산 시가총액 계산식

LG화학 15조 원
+ LG에너지솔루션 105조 3000억 원
- IPO 공모자금 12조 7500억 원
= 107조 5500억 원

그렇다면 국민연금과 소액주주들의 반대에도 불구하고 LG화학 경영진이 물적분할을 강행한 대의명분인 '신속하고 충분한 자금 조달을 통한 성장'은 물적분할이 아니면 불가능했을까요? 물적분할이 아닌 인적분할을 했다고 다시 한 번 가정해봅시다.

인적분할로 탄생하든 물적분할로 탄생하든 LG에너지솔루션의 시가총액은 공모자금으로 유입된 12조 7500억 원을 차감한 금액과 같아야 합니다. 그렇다면 인적분할로 탄생한 LG에너지솔루션의 시가총액이 대략 100조 원 정도라고 가정했을 때 10% 주주배정 유상증자만 하면 간단하게 공모자금 10조 원을 조달할 수 있게 됩니다.

혹자는 '유상증자는 악재로 작용하고 주가에 부정적인 영향을 미치지 않을까?'라고 생각할 수도 있는데, 2020년 이후 두 차례의 주주배정 유상증자를 통해 자금을 신속하게 조달한 엘앤에프의 주가 추이를 보면 바로 답이 나옵니다. 엘앤에프 주주들은 고성장을 위한 기업의 유상증자 요청에 환호했고, 엘앤에프 경영진은 기존 주주들을 통해 빠르게 조달한 자금으로 시의적절하게 생산 시설을 확장했습니다. 그 결과, 신속한 자금 조달과 기업가치 성장, 주가 상승 등 일석삼조의 효과를 보았습니다.

엘앤에프의 주봉 차트

물적분할을 선택한 이유

그렇다면 왜 LG화학 경영진은 1년이나 더 신속하게 자금을 조달할 수 있었던 인적분할이 아닌 물적분할을 선택했을까요? 주식시장에서는 LG화학의 지분을 33.37% 보유하고 있는 (주)LG의 현금 부족 때문이라고 이야기합니다. 인적분할한 LG에너지솔루션이 10조 원이라는 자금을 유상증자하게 되면, (주)LG가 부담해야 할 자금은 3조 3000억 원에 달하기 때문입니다. 그런데 여기서도 의문점이 발생합니다. (주)LG가 3조 3000억 원을 다 조달하기 어렵다면 부족한 금액만큼 실권을 하고, 실권된 주식은 이사회의 결의에 의해 제3자에게 공모 또는 배정을 할 수 있습니다. 경영권 유지에 필요한 지분은 얼마든지 전략적 투자자를 이사회가 지정해 청약하게 만들 수 있는 것입니다. 그럼 경영진이 이런 방법을 몰랐을까요?

한 주식 전문가는 LG화학의 물적분할 발표 직후 다른 시나리오도 가능하다며 유튜브에 분석 영상을 올렸습니다. 그동안 SK그룹, 두산 등 대기업들이 해온 분할을 통한 지배 구조 재편 관행을 소개하면서 매우 흥미로운 분석을 했습니다. 자회사 LG에너지솔루션 상장 후 일정 시간이 지나면 분할된 LG화학을 다시 한 번 분할하고, 그렇게 다시 쪼개진 중간지주회사를 (주)LG와 합병시키는 것이 최종 목적이라는 것입니다. 그럼 앞으로 고성장하게 될 LG에너지솔루션을 ㈜LG의 손자 회사가 아닌 자회사로 소유하게 된다는 논리였습니다.

저의 생각을 덧붙여 좀 더 구체적으로 설명해보겠습니다. 이번 물적분할과 LG에너지솔루션 상장으로 인해 ㈜LG는 LG화학을 33% 소유하고 있는 상태에서, LG화학은 LG에너지솔루션의 지분을 82% 소유하게 되었습니다. 여기서 만약 LG화학을 다시 인적분할을 통하여 LG에너지솔루션의 지분을 82% 소유한 중간지주회사(LGCH)와 순수화학회사(LGC)로 분할하면 ㈜LG는 인적분할된 두 회사의 지분을 각각 33%씩 보유하게 됩니다.

이렇게 분할된 중간지주회사(LGCH)를 나중에 ㈜LG와 합병하게 되면 ㈜LG는 LG에너지솔루션 지분 82%를 소유한 모회사가 됩니다. ㈜LG는 이번 LG에너지솔루션 IPO에 10원도 출자하지 않았는데, 지분 82%를 소유하게 되는 기적이 일어나는 것입니다.

물론 이는 회사나 경영진으로부터 그 어떤 것도 확인하지 않은, 저와 여의도 주식 전문가들의 지나친 걱정에서 나온 시나리오 분석에 불과합니다. 제발 이런 시나리오는 말도 안 된다고 주주총회나 기자간담회를 통해 LG화학의 경영진이 강하게 부인하기를 기대합니다.

기업과 주식시장이
건전해야 하는 이유

제가 이 책에서 많은 지면을 할애해 LG화학의 물적분할 케이스를 이야기한 것은 주주가치 훼손을 간과한 우리나라 우량기업들의 경영진들이 지금부터라도 그 심각성을 인지하고 개선하지 않으면 경제에 심각한 타격을 입힐 수 있기 때문입니다.

실제 있었던 에피소드 하나를 말씀드리면, 제가 참가했던 운용회의 때 팀원들과 같이 LG전자를 분석한 적이 있었습니다. 긴 회의를 마치고 다음과 같이 얘기한 기억이 납니다. "그동안 매년 1조 원 넘게 적자를 내던 모바일 사업부를 과감하게 정리하고 고성장하는 전장사업에 집중하고 있으니 애플이 전기차 사업에 본격적으로 뛰어들면 LG전자가 가장 큰 수혜를 볼 수 있습니다. 그리고 이런 고성장 사업에 필요한 자금은 세계 1등 제품과 기술력을 보유한 가전 사업부로부터 안정적으로 창출되니 얼마나 섹시한 회사인가요? LG전자 주식을 사서 3년 정도 묻어두면 큰 수익이 나지 않을까요?" 저는 이렇게 LG전자에 대한 긍정적인 의견을 한참 이야기하다가 다음과 같은 의심을 하게 되면서 결국 투자 결정을 내리지 못하고 말았습니다.

"참, 큰 리스크가 있네요. 전장사업의 고성장을 보고 투자하다가 만약 회사가 전장사업 부문을 물적분할해 상장시킨다고 발표하면? 음……."

이렇게 불신은 불신을 낳고, 그 대가는 우리가 상상하는 그 이상으로 나타납니다. 불신에 의해 저평가된 주가는 투자자금을 조달하거나 좋은 인력을 유치하는 데 장애가 됩니다.

미국 나스닥에 상장된 미국 기업을 볼까요? 투자자들이 주식시장에서 만들어준 높은 시가총액을 바탕으로 수조 원의 자금을 아주 저렴한 비용으로 조달하고, 스톡옵션 등과 같은 인센티브를 제공하며 훌륭한 인력들을 채용합니다. 경영진은 든든한 투자자들을 위해 주주가치 극대화를 위한 경영을 하고, 이는 주가 상승이란 보상으로 이어집니다. 이렇게 안정된 자금줄을 바탕으로 수많은 혁신기업이 탄생하기에 미국은 세계 최강의 경제대국이 될 수 있었습니다.

미국은 금융 시스템을 위협하는 '불신'의 행위는 절대 용납하지 않습니다. 5년 연속 혁신기업으로 선정됐던 엔론(Enron)을 회계 부정 이슈로 파산시켰고, 회계감사를 맡았던 세계 1위 컨설팅 회사 앤더슨 컨설팅을 시장에서 퇴출시켰습니다. 기업 내부 정보를 이용한 투자자는 미국증권거래위원회(SEC)가 바로 체포할 수 있고, 또 엄청난 규모의 벌금과 징역형을 선고합니다. 2008년 금융위기 때 폰지사기로 체포된 버나드 메이도프(Bernard Madoff)는 재판에서 150년 형을 선고받고 2021년에 감옥에서 사망했습니다.

기업과 투자자, 상생의 길

최근 LG 제품에 대한 불매운동 이야기가 인터넷 댓글을 도배하고 있습니다. 하지만, 저는 불매운동은 해결책이 아니라고 봅니다. 그리고 LG그룹의 이미지가 그렇게 망가지는 것도 너무나 안타깝습니다. 우리나라가 독일, 일본과 어깨를 겨루는 세계 최고의 제조강국이 된 배경에는 분명 LG그룹이 큰 일조를 했고, 그로 인해 수많은 일자리를 창출하고 국부 창출에 큰 기여를 했기 때문입니다. 저는 LG그룹이 대한민국의 자랑스러운 기업으로 기억되고 사랑받기를 진심으로 바랍니다.

어떤 문제가 발생했을 때 비난하기보다는 모두가 윈윈(win-win)할 수 있는 솔루션을 찾는 것이 중요합니다. 모든 문제가 그렇지만 비난은 쉬운 반면, 해결책을 찾는 일은 어렵습니다. 하지만 최근 3년간의 동학개미 열풍이 구한말 동학혁명처럼 비참한 결과로 끝나서는 안 되기에 다음과 같은 해결 방안을 제시하고자 합니다.

1 기관투자자가 해야 할 일

국민의 노후를 책임지고 있는 국민연금을 비롯한 각종 연기금, 공제회, 은행, 보험의 운용 부서는 공식적으로 반대 의사를 표명했음에도 불구하고 물적분할을 강행한 경영진에게 손해배상을 청구해야 합니다. 개인 투자자들은 대기업과 법적 소송을 치를 수 있는 자금이나 역량이 부족합니다. 주주가치 훼손에 의한 피해를 예상해 주주총회에서 반대를 했음에도 불구하고 주가 하락으로 인한 피해를 봤다면 기관투자자들은 이사회에서 물적분할을 결의한 경영진에 대해 당연히 그 손해에 대한 배상을 요구해야 합니다.

상법에 의해 총발행주식 3분의 1 이상의 주주가 참여하고, 참석주주의 3분의 2 이상이 찬성을 했다 하더라도 다수의 주주 찬성 결의가 가해 행위에 대한 면죄부가 되지는 않습니다. 예를 들어 '불량률이 높더라도 수익성이 좋은 타이어를 생산하자'라는 안건을 경영진이 상정하고 주주총회에서 찬성으로 결정이 났다 해도, 불량 타이어로 인해 누군가가 생명을 잃었거나 큰 손해를 봤다면 배상의 책임을 피할 수 없습니다. 주주총회 결의는 피해보상의 책임 여부와는 아무 상관이 없는 문제입니다.

제가 기관투자자에게 손해배상 청구를 제안하는 이유는 경영진들이 주주가치 훼손에 대한 심각성과 그 폐단을 알아야 하기 때문입니다. 앞서 말했듯 소액 투자자들은 대형 로펌을 끼고 있는 대

기업을 상대로 손해배상 소송을 할 자금적 여력이 없습니다. 그래서 기관투자자들이 해줘야 합니다. 그리고 손해배상 책임 여부는 법원이 법리대로 결정하면 됩니다. 이는 혹자들이 우려하는 기업 경영에 대한 간섭과는 전혀 무관합니다. 이런 견제가 오히려 저평가된 주가를 정상화시키고 신뢰를 회복해 기업가치 상승효과로 이어질 것입니다.

② 기업들이 해야 할 일

이미 물적분할한 자회사를 상장시킨 기업은 주가 하락으로 큰 피해를 본 주주들을 위해 물적분할한 회사의 지분을 일부 처분해 배당이나 자사주를 매입하는 방식으로 주주 보상 조치를 취해야 합니다. 만약 LG화학이 자회사 LG에너지솔루션을 상장시킬 때 보유 지분 82% 중 경영권 방어를 위한 51%를 제외하고 나머지 지분 31%를 전부 매각해 그 수익금을 배당으로 보상하겠다고 미리 발표했다면 어땠을까요? 지금과 같은 주가 하락은 없었을 것이고, 주주들 역시 분노하지 않았을 것입니다. LG화학의 지분 33%를 보유한 LG도 거액의 배당금을 받으면 10조 원에 가까운 현금이 들어오니 LG 주주에게도 얼마나 좋습니까?

지금도 늦지 않았습니다. 공모 후 주식을 팔지 못하도록 정한 6개월의 보호예수 기간이 지나면 LG화학도 LG에너지솔루션의 주식을 팔 수 있습니다. 1년의 보호예수 기간으로 인해 주식을 팔지 못하는 LG에너지솔루션의 임직원들이 주가 하락을 우려하며 반대만 하지 않는다면, 고려해볼 만한 조치가 아닐까 싶습니다.

최근 1년 이내 자회사 중복 상장 건으로 주가가 크게 하락한 기업의 경영진은 최소한의 경영권 방어 지분을 제외하고, 지분 매각을 통한 주주 보상 조치를 고려해봤으면 좋겠습니다. 이런 관행이 사전 공지를 통해 명확하게 지켜진다면 불가피한 자회사 상장이 더 이상 주가 하락 요인으로 작용하지는 않을 것입니다.

③ 국회와 관계기관에서 해야 할 일

자회사 상장 시 모회사 주주에게 우선 청약권을 줄 수 있도록 법을 개정해야 합니다. 그리고 법 개정이 진행되면 개정 전에 물적분할을 서두르는 기업이 많아질 수 있으므로 공정거래위원회 같은 감독 기관이 법 개정이 이루어지기 전까지 공정성을 검토하고, 결론이 나오기 전까지는 기업들의 물적분할이나 이미 분할된 자회사의 상장을 금지시켜야 합니다.

물론 이 방법도 주주가치 훼손을 막기 위한 최선의 방법은 아닙니다. 그러나 기존 주주에게 돌아가야 할 자회사 상장에 따른 수익이 기업 성장에 아무런 기여도 하지 않은 제3의 투자자들에게 돌아가게 해서는 안 됩니다. LG에너지솔루션의 주식을 공모주로

LG에너지솔루션 상장 후 외국인 매도 물량 쏟아진 이유는

| 기관확약비율 국내 96.5% vs 해외 27.1%
| 의무보유확약 비율 낮아 단기차익 나서
| 상장 후 3일간 외국인 1조 8000억 순매도
| 외국인 매도 여파로 주가 20.1% 하락해

LG에너지솔루션(LG엔솔)이 상장한 지난달 27일부터 3일까지 3거래일간 크레디트 스위스(CS)와 JP모건 등 외국인 투자자는 1조 8049억 원어치(354만 주)의 주식을 팔아치웠다. 같은 기간 연기금 등 국내 기관 투자자는 3조 2987억 원어치(637만 주)를 사들였다.

외국인 매도세는 LG엔솔의 주가 폭락을 불렀다. LG엔솔 주가는 상장 첫날 공모가 (30만 원)보다 99% 높은 59만 7000원에 형성됐으나, 개장 직후부터 쏟아진 매도세로 45만 원까지 밀렸다. 상장 첫날 종가는 시초가 대비 15.41% 떨어졌고, 둘째 날도 전일 대비 10.89% 내렸다. 상장 후 3거래일이 되는 3일에는 소폭 반등해 47만 7000원에 안착했다.

외국인 투자자가 LG엔솔 주식을 상장 초반부터 팔아치운 이유는 낮은 의무보유확약 비율이 꼽힌다. 의무보유확약은 기업이 IPO를 통해 상장할 때 기관 등이 배정받은 주식을 상장 후 일정 기간(15일~6개월) 팔지 않기로 약속하는 것이다. 이 비율이 높을수록 상장 직후 대규모 차익실현 물량출회에 따른 주가 하락을 막을 수 있다.

우리나라의 '조 단위' 대형 IPO 기업의 공모주 배정 현황을 살펴보면, 통상 국내 기관은 80~90% 수준의 의무보유확약(공모주 배정물량 대비 비중)을 하는 반면, 해외 기관의 의무보유확약 비율은 20~30% 수준으로 낮다. LG엔솔 역시 국내 기관의 확약 비율은 96.5%로 높았으나 해외 기관의 확약 비율은 27.1%에 그쳤다.

《이코노미스트》, 2022.2.4

받아 상장 후 3일 동안 350만 주 이상을 매도한 외국인 투자자들은 LG화학에 아무런 기여한 바도 없이 최소 6000억 원 이상의 수익을 챙겼습니다. 이는 순매도 기준이며, 장중 신규 매수금액을 제외하면 이보다 훨씬 큰 차익을 거두었습니다. 실제로 홍콩에 한 헷지펀드는 이번 공모주 청약을 통해 일주일 만에 100억 원이 넘는 차익을 거두었고, 펀드 결산 때 보너스 잔치를 기대하고 있다고 밝혔습니다.

모든 공모주가 다 수익이 나는 것은 아니지만, 모회사의 기존 주주가 청약 우선권을 배정 받게 된다면 최소한 제3의 공모주 투자자보다는 우월한 지위를 가지게 됩니다. 그리고 만약 공모가가 지나치게 높게 형성되어 수익을 내는 것이 힘들 것이라 판단된다면 청약을 포기하고 실권을 행사하면 됩니다.

제조강국 대한민국의 새로운 목표

앞 장에서 제가 제안한 해결 방안이 최선이라고 생각하지는 않습니다. 다만 저의 제안을 바탕으로 우리 사회가 집단지성을 발휘해 신뢰를 바탕으로 한 선진 금융 시스템을 완성하기를 바랄 뿐입니다. 우리나라가 제조강국이 되기까지 수많은 실패와 부끄러운 사건, 사고가 있었습니다. 그때마다 반성하고 대응책을 마련했기에 지금의 자리에 오를 수 있었던 것입니다.

우리나라 투자자들의 금융 지식수준은 세계 최고입니다. 그리고 우리나라는 세계인들이 존경하고 부러워하는 일류 기업을 수십 개나 보유한 명백한 선진국입니다. 자동차, 조선, 휴대폰, 반도체, 가전과 같은 하드웨어 제품부터 게임, 그래픽, 음악, 영화, 플랫폼과 같은 소프트웨어, 서비스 산업까지 대부분의 품목이 세계 탑 티어(top-tier)로 포진해 있습니다. 제가 보기에 우리나라 사람이 손대는 것은 모두 세계 1등이 되는 것 같습니다.

이제 한국의 금융업도 세계 1등을 목표로 해야 합니다. 금융업에 종사하는 사람들의 맨파워가 약한 것도 아니고, 그동안 우리나라 기업들이 눈부신 성과로 만들어낸 다년간의 무역흑자로 인해 가계나 기업, 금융기관, 연기금에는 엄청난 금융자산이 축적되어 있습니다. 운용자산이 930조 원 넘는 국민연금은 세계 2대 연기금이 되었고(2022년 1월 기준), 4700억 달러(약 560조 원)에 육박하는 외환보유고는 세계 8위 규모입니다. 또한 한국 가계의 금융자산은 2021년에 4500조 원을 넘어섰고, 최근 주식투자 열풍으로 인해 가계의 금융자산 비중은 계속 늘어나고 있습니다. 이런 데이터가 우리나라 금융이 선진화되고 반드시 일류가 되어야 하는 이유입니다.

그럼 어떻게 해야 할까요? 이 책에 구체적인 방법을 모두 담기는 어렵지만 우리나라가 금융강국이 되기 위해 각 분야 종사자들이 반드시 지켜야 하는 중요한 원칙 하나만 제안하겠습니다. 정의롭고 명확한 원칙이 있으면 어떤 문제에 봉착하거나 중요한 의사결정을 내릴 때 올바른 판단의 기준이 되니까요.

제가 제안하고자 하는 원칙은 '수임자(受任者) 의무 원칙'입니다. '선량한 관리자의 충실 의무'(이하 선관자 의무)라고도 하며 영어로는 'Fiduciary Duty'라고 합니다. 이는 금융권에서 타인의 자금을 맡아 관리하는 사람들에게 강조하는 의무인데, 한마디로 '나를 믿고 자금이나 권한을 맡긴 사람을 위해 책임감을 갖고 사려 깊고 충실하게 일해야 할 의무'를 뜻합니다. 사실 이는 금융권에서만 사용하는 국한된 용어가 아닙니다. 한국의 상법(제382조 2, 3항)에도 이사의 충실 의무와 선관주의 의무가 명기되어 있습니다.

선관자 의무는 저에게 있어 회사를 비롯해 어떤 조직이나 공동체에서 일할 때 모든 의사결정과 행동의 판단 기준으로 삼는 대원칙입니다. 저는 이 원칙을 우리나라 금융시장에 종사하는 모든 금융인들과 상장회사 임직원들, 그리고 유관기관 공무원들과 공유하고 싶습니다. 각각의 주체가 자기 자리에서 모두 이 원칙을 철저하게 지킨다면 금융선진국의 꿈은 머지않아 이루어질 것이라 확신합니다.

저는 위기가 닥쳤을 때마다 위기를 기회로 생각하는 무한 긍정론자입니다. 신뢰가 무너지면서 위기에 빠진 국내 주식시장을 우리는 다시 일으켜 세워야 합니다. 비 온 뒤에 땅이 굳어지기를 기다리고만 있어서는 안 됩니다. 상장기업의 임직원들, 기금과 펀드 자금을 관리하는 기관투자자들, 금융시장의 제도를 만들고 관리하는 공공기관 담당자들, 그리고 각종 경제 유튜브 채널 진행자들과 패널들까지 각자의 자리에서 선관자 의무를 다하면서 우리나라 주식시장에 신뢰로 단단하게 포장된 콘크리트 도로를 만들어야 합니다.

독일의 아우토반같이 폭우가 와도 파이지 않는 단단한 도로를 만들어 우리 기업들이 자금 조달 걱정 없이 세계를 질주할 수 있도록 하고, 우리의 투자자들이 자랑스럽고 위대한 기업의 동반자가 되어 경제적 자유라는 최종 목적지까지 안전하게 도달할 수 있도록 다함께 노력해야 합니다. 그런 선진 금융 시스템을 우리 아이들에게 물려주는 것은 우리 세대의 또 다른 선관자 의무이자 가슴 뿌듯한 사명입니다.

긍정 에너지로 가득찬 변화 사냥꾼이 됩시다

199

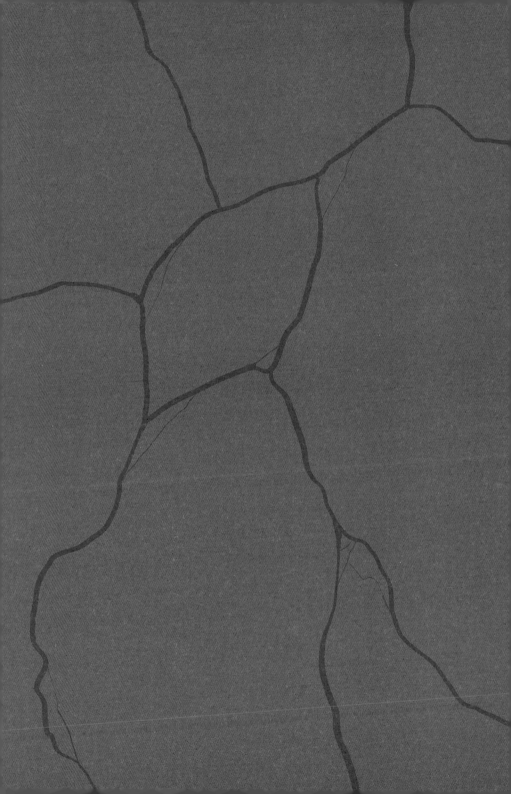

Change

Survival

"내가 틀렸다고
생각해본 적 있나요?"

김한진

주식시장에서 36년, 생존하며 알게 된 것들

제8장

주관을 갖되 유연하게 대응하자

모든 금융투자의 근본은 위험 대비 수익을 극대화하는 것입니다. 어떤 위험도 지지 않으려면 현금을 포대에 담아 땅속에 묻어두면 되지만 돈이 늘어나지는 않겠죠. 높은 위험을 감당할수록 더 높은 수익이 기대되는 것이 바로 투자의 기본입니다. 상장 주식, 비상장 주식, 원자재, 각종 장 내외 파생상품(선물 옵션), 우량 국채나 회사채, 투기등급 회사채, 리츠, 주거용 부동산, 상업용 부동산, 암호화폐 등 모든 자산에는 다소의 차이가 있을 뿐 위험이 내재하고 있습니다.

여러분은 지금 어떤 위험 비용을 지불하며 어느 정도의 기대수익을 바라보고 있나요? 또 위험과 수익의 관계를 정확하게 알고 합리적으로 관리하고 있나요? 저는 여기서 이러한 이야기를 나누어보려 합니다.

첫 번째 장에서는 과거에 제가 작성한 리서치 메모를 보여드릴 것입니다. 이것이 지금껏 여의도에서 일하며 발견한 것들 중 가장 핵심이란 확신이 들었기 때문입니다. 다행히 복잡한 이론은 아닙니다. 오히려 너무 단순해서 탈이죠. 주가의 본질과 우리가 투자에 임할 때 꼭 생각해봐야 할 과제에 대해 이야기해보겠습니다.

두 번째 장에서는 '생존을 위한 키워드'를 다룰 것입니다. 정글과도 같은 시장에서 '위험의 본질'을 알자는 것이 핵심이죠. 모든 위험자산은 말 그대로 위험합니다. 위험하지 않으면 애초에 위험자산이 될 수 없고 기대수익도 크지 않습니다. 그래서 위험을 알아야만 하는 것이죠. 여기서는 가장 중요한 '시장위험'에 대해 살펴보려 합니다. 거시경제, 금융시장의 위험이라고 말할 수도 있겠네요.

세 번째 장에서는 과거의 굵직굵직한 경제위기를 짚어보며 거기에서 얻은 투자의 지혜와 교훈을 함께 나눌 것입니다. 물론 위기는 조금씩 변형되거나 겉모습이 다양하게 바뀌겠지만 역사는 앞으로도 계속 반복될 것이기 때문입니다.

마지막 장에서는 미래에 대한 이야기를 나눌 것입니다. 생존을 위한 5개의 키워드를 뽑았고, 각 단어의 머리글자를 따 'COVID'라 명명했습니다. 화폐전쟁(Currency hegemony), 과잉 유동성(Overflow), 변동성(Volatility), 혁신성장(Innovation), 차별화 (Differentiation)를 차례대로 살펴보겠습니다.

적지 않은 시간을 리서치와 운용에 몸담으며 '시장에 대한 나의 생각은 옳지 않을 수도 있다'라는 사실을 깨달았습니다. 이건 겸손과는 다릅니다. 오히려 시장을 다 이해하고 있는 듯 내뱉는 건 방진 태도라 할 수 있습니다. 나의 고집을 버리면 다른 사람의 이야기가 귀에 들어옵니다. 그러면 여러 가지 의심이 생기기 마련입니다. 바로 그 의심이 실수를 줄여주는 역할을 합니다.

시장에 대해 내가 보는 것, 이해하고 있는 것, 관점과 예측 등이 모두 틀릴 수도 있다는 생각은 나를 좀 더 편안하고 유연하게 만들며 시장에 적극적으로 대응하도록 도와줍니다. 그렇다고 줏대 없이 이리저리 휩쓸리고 우유부단한 태도를 보여서는 절대 안 됩니다. 분석을 하든 투자를 하든 우리는 앞으로 세계 증시가 어떻게 될지 자기 주관을 가져야 하고, 그 생각을 뒷받침하는 근거와 가정, 데이터를 가지고 있어야 합니다. 그리고 합당한 이유가 생기면 그 근거와 가정, 예측을 언제든 바꿔야 합니다. 종목에 대한 편견도 마찬가지고요.

확률적으로 향후 시장이 '이렇게 될 가능성이 크다'라는 의견을 가져야 하지만, 확정되지도 않은 미래에 자신의 불완전한 생각을 고정해놓을 필요는 없습니다. 자기 주관을 갖되 경직되지 않고, 시류를 따르되 단지 눈앞에 보이는 것에 휩쓸리지 않는 태도(和而不流[화이불류]: 중용 10장에 나오는 말)를 가져야 합니다.

여러분은 이 책에 소개한 저의 경험담이나 의견을 참고해 자신만의 투자 주관을 수립할 수 있을 것입니다. 또한 투자 철학, 태도, 실무 프로세스에서 자신만의 방법을 체득하게 될 것입니다. 제가 경험한 다양한 에피소드를 즐기며 자신에게 가장 적합한 투자의 지혜를 발견하기 바랍니다. 멋진 투자의 여정이 되길 기원합니다.

30여 년 전 메모에서 발견한 불변의 투자 원칙들

200포인트. 1986년 제가 증권사 리서치에 첫발을 내디뎠을 때의 코스피 수준입니다. 1980년을 기준(100)으로 산출한 코스피가 2배나 올라 있을 때이니 신입사원의 눈에는 당시 주가가 너무 비싸 보였습니다. 저는 초년병 시절 리서치센터에서 기업분석 업무를 맡았습니다. 당시 센터장님은 애널리스트들에게 기업 탐방을 특히 강조했습니다.

"발로 뛰어라. 리서치는 앉아서 하는 일이 아니다. 그리고 주가와 연관해서 많이, 또 치열하게 생각해라."

이게 바로 그분의 당부였죠. 종일 현장에 나가 발로 뛰며 조사한 뒤 오후 늦게 회사로 돌아와 보고서를 작성해 다음 날 아침 회의 때 발표하도록 우리를 독려했습니다. 하루에 평균 한 개 이상의 기업을 방문해 보고서를 작성하는 일은 조금 벅찼지만 그래도 재미있었습니다. 지금 보면 신입사원 시절 작성한 리포트는 말 그대로 간략한 '탐방 보고서'에 불과했습니다. (당시는 기업이익 추정과 밸류에이션 모델이 없었기 때문이기도 합니다.)

탁월한 통찰력과 해박한 증권분석 지식을 지닌 센터장님은 기업의 올해와 내년 매출액, 순이익이 얼마로 예상되는지, 그것을 기반으로 한 예상 주가수익비율(PER, 주가/주당이익)*은 얼마인지, 같은 업종의 경쟁 기업과 비교했을 때 그 기업의 PER은 어느 정도 수준인지 파악하라고 코멘트해주었습니다. 또 기업의 핵심 경쟁력이 무엇이고, 그 경쟁력이 점점 더 나아지는 추세인지, 아니면 반대로 정체되거나 약화되는 추세인지 담당자 의견을 짧게라도 보고서에 담아야 한다고 이야기해주었죠.

---

* PER과 같은 증권분석 지표는 가치투자의 아버지라 불리는 벤자민 그레이엄(Benjamin Graham, 1894~1976)이 즐겨 사용한 도구다. 그의 대표 저서로는 투자의 바이블로 불리는 『증권분석(Security Analysis)』 등이 있다.

이는 기업분석의 핵심이자 전부라 해도 과언이 아닙니다. 또한 PER이라는 가치평가 도구는 비록 절대가치 평가 방법은 아니지만 이보다 더 단순 명료한 밸류에이션 기법은 아직 발견하지 못했습니다.

'뭐 하러 머리 복잡하게 PER을 봐? 그냥 눈 딱 감고 어제 오른 종목을 사면 되는 거 아냐? 어제 상한가 친 게 내일도 올라. 올해 이익도 잘 모르는데 내년 기업이익을 전망한다고? 주가가 꼭 실적대로만 움직이나? 수급과 재료가 더 중요하지. 단단한 매집 세력이 있는 종목이 최고야. 주식은 무엇보다 차트가 좋아야지.'

이것이 당시의 보편적인 투자 문화였습니다. 소위 정보의 비대칭성이 컸던 때여서 미래이익과 밸류에이션보다는 단기 수급과 당장의 따끈따끈한 정보(예를 들면 유무상증자 정보나 대규모 수주 정보 등)가 우선시되기도 했죠. (따지고 보면 지금도 크게 다르지 않습니다).

100년 전이나 제가 리서치에 막 입문한 30년 전이나 주식이란 결국 기초자산인 기업의 미래이익을 반영하는 자산이고, 이것은 변함없는 진리입니다. 미래이익(미래가치)과 현재가치(시가총액)의 차이가 곧 미래에 실현될 주가 상승 폭이라는 명제는 예나 지금이나 변함이 없습니다. 아무튼 당시는 한국 증시에서 기업가치를 논하고 PER과 PBR 같은 투자지표를 꼼꼼히 따지는 문화가 아니었음에도 불구하고, 우리는 PER, PBR, PSR(주가/주당 매출액)뿐 아니라 현금흐름할인(DCF), 사업별 가치 합산(Sum of the parts) 등 여러 밸류에이션 방법과 사례를 공부하며 열띤 토론을 벌였습니다.

경력이 쌓이면서 기업 탐방에 대한 요령이 생기자 우리는 기업에 질의서를 먼저 보내 궁금한 사항을 미리 공유했습니다. 또 조사 대상 기업과 경쟁 관계에 있거나 밸류체인 관계(부품·소재 등을 납품하거나 반대로 중간재를 납품받아 생산·가공하는 관계)에 있는 기업을 함께 살펴보았습니다.

센터장님은 애널리스트들에게 담당 기업의 재무비율, 투자지표, 주가 흐름 등을 외우도록 지시했습니다. 심지어 시험도 몇 번 치렀죠. 자신이 담당한 기업에 정통하지 않으면 좋은 보고서가 나올 수 없고, 아는 만큼 얻을 수 있다는 것이 센터장님의 생각이었습니다. 또한 기업에 있는 분들과 더욱 친밀해질 것을 강조했고 그분들의 말투나 표정을 통해 올 한 해 실적이 좋을지 나쁠지를 간파할 정도가 되어야 한다고 누누이 이야기했습니다.

기업분석 업무에 조금 탄력이 붙을 때쯤, 저는 보직 변경을 명받았습니다. 경제와 시황분석 업무였는데 이 일은 기업분석과는 결이 많이 달랐습니다. 마치 정물화와 추상화의 차이 같았죠. 물론 이코노미스트 초기에는 윗사람의 의견을 받아 적고 연구기관의 자료를 요약 정리하는 수준이었습니다. 경제와 시황분석은 하면 할수록 어렵고 도무지 답이 없는 일 같아 보였습니다. 가장 헷

갈렸던 건 경제 전망이나 물가 전망 같은 게 주가와 영 따로 논다는 점이었습니다. '주가는 매일 제멋대로 널뛰기를 하는데 내년 성장률 몇 퍼센트 포인트 변화가 무슨 대수일까' 하는 회의감이 들기도 했죠.

하지만 꾸준히 경제와 시황 자료를 작성하는 과정을 거치면서 금리와 통화정책, 유동성 환경이 증권시장에 실물지표보다 훨씬 중요한 변수임을 깨달았습니다. 당시 센터장님은 경제와 시황분석을 담당하는 애널리스트에게 한국의 주요 경제지표, 수출, 산업 동향, 심지어 국토 면적과 인구, 가구수, 금리와 통화량, 고객예탁금 등의 추이를 정확히 숙지할 것을 주문했습니다. 누가 물어보면 숨도 안 쉬고 바로 입에서 튀어나올 정도가 되어야만 했어요. 신기하게도 그런 데이터가 머릿속에서 그림이 그려질 정도가 되니 분석과 전망에도 나름 자신감이 붙었습니다.

저는 매주, 매월, 매분기마다 여러 데이터를 꼼꼼히 기록했습니다. 엑셀이 존재하지도 않던 시절부터 산업 생산, 재고 출하, 가동률, 주요 산업별 수출액, 자동차 생산·수출 대수, 조선 수주, 경상수지, 유가·구리·금 가격, 석유화학 제품 스프레드, 건축허가면적, 주택착공지수, 국고채 금리, 통화량, 각종 환율, 고객예탁금, 주식거래대금, 신용융자잔고 등 40여 개 지표를 관리했죠. 하나하나 계속 입력하다 보니 특정 지표가 크게 변하면 레이더망에 잡혔습니다. 수출이 추세적으로 줄다가 한두 달 연속해서 늘면 강세장이 시작되는 것이 너무 신기했어요.

한국은행이나 연구소에 전화를 걸어 관련 지표를 물어보고 심지어 직접 찾아가 배우기도 했습니다. 또 삼성전자, 현대자동차, POSCO(포스코), LG화학, 현대중공업, 종합무역상사 등 대기업 기획실이나 회계 파트에도 무작정 전화를 걸어 물어보는 적극적인 탐방을 정례화했죠. 그렇게 한 이유는 기업의 합이 곧 경제라는 생각이 들었기 때문입니다. 기업분석과 마찬가지로 경제와 시황분석도 '발로 뛰고 주가와 연관해서 치열하게 많이 생각하는 리서치'를 추구하고자 했습니다.

하지만 이런 노력에도 불구하고 주식시장과 가까이 맞닥뜨려 주가와 뒹굴수록 '주가란 도무지 알다가도 모를 괴물 같다'는 생각이 들었습니다. 한때는 주가 예측이 노력한다고 되는 일도 아니고 적성에도 맞지 않다고 판단해 증권업계를 떠날 생각도 했죠. 그때마다 당시 리서치 센터장님과 선배, 동료들이 철없는 저를 잡아주었습니다. 센터장님은 주가지수를 맞추는 데 매우 일가견이 있었는데, 그분의 비법이 늘 궁금했습니다. 그분은 특히 큰 그림을 잘 보았습니다. 예를 들면, 일찌감치 중국 경제의 중요성을 내다보았죠. 코스피가 300포인트 부근일 때 언젠가는 코스피 3000 시대가 열릴 것이라는 다소 허황된(?) 예측을 하기도 했습니다. 외환위기 이후에는 외국인이 좋아하는 기업과 그들이 중시하는 투자지표를 잘 봐야 한다고 강조했습니다.

그 당시 저의 아둔한 머리로는 도무지 이해가 되지 않았습니다. 주가와 연계해 생각하는 건 무조건 옳지만 혼돈스러운 게 너무 많았죠. (사실 혼돈스럽기는 그때나 지금이나 마찬가지입니다.) 한국은행이 기준금리를 연속해서 올리는데 지난번과 달리 이번엔 주가가 계속 올랐습니다. 또 원화 강세로 수출 기업들이 죽겠다고 아우성인데 외국인들은 한국 주식을 계속해서 사고, 주가는 천정부지로 오르기도 했습니다. 이처럼 펀더멘털과 주가의 관계는 매번 다른 듯, 같은 듯 엿장수 마음대로 움직이는 것처럼 보였습니다. 시간이 흐르면서 '주식에는 정답이 없다'라는 사실을 깨달았습니다. 이는 어쩌면 주식시장이 지닌 고유 매력이자 동시에 인간의 한계라는 것을 조금씩 알게 되었습니다.

저와 동료들은 시끌벅적한 선술집에서 이틀이 멀다 하고 술을 마셔댔습니다. 지금 생각하면 회사 앞 그 선술집이 우리의 살아 있는 토론의 장이자 교육의 장이었습니다. 모든 것을 주가와 연계해 함께 머리를 굴린 매우 소중한 시간이었어요. 까먹지 않으려고 잠시 화장실에 가서라도 메모를 해두었기에 지금도 어느 정도 기억할 수 있습니다. 당시 스타 분석가로 불린 센터장님을 중심으로 열띤 토론을 했던 그때 그 시절 우리의 대화를 꺼내 곱씹어보려 합니다.

고리타분한 옛날이야기를 하려는 이유는 '라떼의 꼰대'가 되고 싶어서가 아니라 이것이 투자의 본질이자 진수라고 생각하기 때문입니다. 또 저 스스로도 지금 얼마나 왜곡되고 쓸데없이 복잡한 생각에 사로잡혀 있는지, 투자에 얼마나 어렵게 접근하고 있는지를 다시금 가다듬고 싶기 때문입니다. 다음은 1980년대 후반 ~1990년대 당시의 우리 리서치 멤버들이 나눴던 대화의 내용입니다.

리서치 메모 1.
주가의 본질은 무엇인가

주가는 '펀더멘털' 곱하기 '인기'입니다. 식으로 나타내면 다음과 같죠.

주가 = 주당순이익 또는 주당순자산 × 적정 프리미엄
　　　　　→ 펀더멘털　　　　　→ 인기

여기서 인기 변수인 주가 프리미엄(PER, PBR 등)이 늘 골칫거리입니다. 주가를 제대로 예측하려면 이익 전망도 잘해야 하지만, 적정 프리미엄을 잘 갖다 붙일 줄도 알아야 합니다. PER과 같은 주가 할증 프리미엄은 국가와 업종, 기업마다 모두 다릅니다. 특히 금리가 높고 기업이익률이 낮은 신흥국보다는 선진국 기업의 PER이 높습니다. 미국과 유럽 기업은 우리나라보다 이익 변동성이 낮고, 매년 배당도 많이 주는 데다 자사주 매입 소각 등 주주친화적인 곳이 많으며, 시장금리도 훨씬 낮은 편입니다. (지난 10년간 미국 S&P500 기업의 주주환원율, 즉 '배당금/순이익'과 '자사주 매입 소각/순이익'의 합계는 한국 코스피 기업의 그것보다 약 3배 이상 높았습니다.) 물론 적정 프리미엄은 당해 기업의 이익 전망과 가장 밀접합니다. 즉, 이익이 계속 증가하는 기업의 주식은 사람들이 더 높은 PER을 지불해서라도 사려고 하죠.

올해 실적을 기준으로 PER이 100배년 어떨까요? 만약 그 기업의 이익이 매년 2 배로 늘어난다면 3년 후 이익으로는 PER이

기업의 이익이 매년 2배로 늘어날 경우 PER의 변화

올해	PER 100배
1년 후	50배
2년 후	25배
3년 후	12.5배
4년 후	6.25배

12.5배, 4년 후 이익으로는 PER이 6.25배에 불과합니다. 그래서 성장성이 높으면서 이를 기반으로 PER(또는 PBR)이 치솟는 기업을 대박 종목이라 하는 것입니다.

앞으로 몇 년 동안 주당 이익이 계속 폭발적으로 늘고 프리미엄도 계속 뛰는 기업의 주가는 기하급수적으로 오를 수밖에 없습니다. 10루타 종목들이 모두 이런 경우에 해당하죠. 이것이 우리가 당장 오늘의 재료, 오늘의 뉴스, 오늘의 인기, 올해의 이익만 보고 종목을 고를 게 아니라 향후 2~3년간 이익이 크게 늘어나는 기업을 찾아야만 하는 이유입니다. 주식투자는 결국 방향성 게임이에요. 우리는 새(주식)가 현재 앉아 있는 곳이 아니라 날아갈 방향(이익의 증가 폭)을 조준해 총을 쏘아야 합니다.

주가 프리미엄에는 늘 탐욕(거품)과 공포(과매도)가 끼기 마련입니다. 모두가 열광하는 성장주들이 천정부지로 오른 다음 순식간에 급락하고 아무 존재감 없이 완전히 사라지기도 하는 게 주식시장이죠. 주식시장은 미인 투표와 마녀사냥이 반복되는, 정서적으로 매우 불안정한 시장이라 할 수 있습니다.

몇 년간 연속적으로 PER이 오른 다음에는 증시 전체가 크게 조정을 보이는 경우가 많습니다. 이럴 땐 특히 강세장을 활용해 유상증자를 하는 기업을 유의해야 합니다. 시장 전체도 신규 상장 종목이 크게 늘어날 때 탄력을 잃거든요. 자사주 매입 소각은커녕 시장에서 돈을 빼가는 기업이 많다는 것은 그만큼 시장 체력이 약해진다는 뜻이죠. (2021년도 그런 해에 해당합니다. 2021년 코스피·코스닥 누적 공모금액은 약 20조 원으로, 2020년 4조 7000억 원보다 4배가량 많은 규모입니다. 역대 최대 규모였던 2010년 10조 1453억 원보다도 2배 정도 많은 수준이죠. 희망 공모가 기준이니 실제로는 수급 부담이 더 크다고 할 수 있습니다.)

강세장에서 주가가 비싸질수록 주가가 쌀 때는 사용하지도 않던 기발하고 해괴한 논리를 꺼내드는 사람이 많아집니다. 주가가 아무리 비싸져도 현재 주가를 정당화하는 논리는 얼마든지 만들 수 있어요. 하지만 현명한 투자자라면 절대로 그래선 안 됩니다. 애널리스트도 시장 분위기에 따라 부화뇌동하여 종종 적정 주가 판단에 크고 작은 실수를 합니다.

현재 주가가 적정한지를 따지는 방법 중 가장 손쉬운 건 시가총액 비교입니다. 당시 우리 리서치팀은 기업 간 시가총액 비교를 많이 했습니다. 지금 생각하면 매우 유익한 투자 훈련이었죠. 친숙한 기업으로 예를 들어볼까요? KB금융과 카카오뱅크는 둘 다 시가총액이 23조로 비슷한데 KB금융은 2021년 약 6조원의 영업이익을 벌어들인 반면, 카카오뱅크는 2,569억 원의 영업이익밖에 내지 못했습니다. 이 차이를 정당화하는 건 다름 아닌 '성장에 대한 기대'입니다. 편의성 및 대중성을 기반으로 ICT 기술과 금융을 연계한 카카오뱅크의 수익 모델과 미래 성장성을 높게 평가한 것이죠. 앞으로 기존 은행과의 규제 역차별이 점차 줄어들고 기존 은행들이 분발하려 노력하는 상황에서, 두 기업의 PBR(KB금융 0.55배, 카카오뱅크 5.8배)이 계속 유지될 수 있을지 투자자들은 고민해서 판단해야 합니다. 카카오뱅크가 2021년 8월 상장 직후 최고가를 기록했을 때는 PBR이 13배로 두 기업의 밸류에이션 차이가 더 컸습니다. 이런 식의 비교는 고평가 또는 저평가 종목을 찾는 데 유용합니다. 물론 정답은 없고 판단은 투자자 각자의 몫입니다.

탐욕적으로 너무 높게 뻥튀기된 주가 프리미엄은 반드시 후유증을 낳습니다. 전체 장세도 마찬가지입니다. 사람들은 훗날 그것을 '거품(버블) 붕괴'라 부르죠. 그리고 거품 붕괴 다음에는 또 언제 그랬냐는 듯 또 다른 거품이 새록새록 생겨납니다. 물론 조금 다른 얼굴의 '꿈의 주식'과 그들의 화려한 인기몰이를 통해서 말이죠. 우리는 이러한 주가의 본질을 이해하는 것이 중요합니다.

리서치 메모 2.
돈벌이 엔진을 찾자

누구나 잠시 주가 변동을 맞출 수는 있지만 지속적으로 완벽하게 맞추는 건 불가능합니다. 그런 사람은 역사상 존재하지도 않았고요. 그것이 가능하려면 경제 전망(또는 기업이익 전망)이 정확해야 하고, 주가가 그 재료를 얼마나 반영했는지를 초정밀로 계산해야 합니다. 또 주가엔 금융 컨디션(금리, 유동성)이 중요한데 이것은 정확히 측정할 수도, 예측할 수도 없습니다. 만약 경기와 기업이익, 금융 컨디션 등을 모두 정확하게 측정한다면 주가가 이런 재료들을 자로 잰 듯 정확하게 반영할까요? 그렇지 않습니다. 주가는 단기적으로는 제멋대로 움직입니다. 수시로 발생하는 이벤트와 수급 변화가 주가를 뒤흔들고 심리 요인이 주가를 파고들죠. 주가는 늘 고평가되어 있거나 저평가된 상태로, 비정상이 오히려 정상(normal)입니다.

다행히도 제한적이나마 우리가 할 일이 있습니다. 주가가 과도하게 저평가되어 있는지 혹은 지나치게 고평가되어 있는지 판단해야 하죠. 많은 사람이 어제 어떤 뉴스 때문에 오늘 주가가 얼마 등락했는지에 온 신경을 곤두세웁니다. 물론 미래의 주가를 예측하는 데 어제와 오늘 뉴스는 반드시 필요합니다. 하지만 접근 방식이 달라져야 합니다. 주가는 점(dot)이 아니라 선(line)이고, 우리는 그 선의 기울기를 맞춰야 합니다. 그러기 위해서는 먼저 주가를 만드는 기본 재료(경기, 기업이익, 유동성)가 어떤 방향으로 움직이는지, 또 이들 재료가 주가에 얼마나 투영되어 있는지를 생각해봐야 합니다. 즉, 펀더멘털 재료 자체와 주가의 재료 반영 정도(PER 같은 밸류에이션 지표)가 과거 평균보다 너무 과하거나 반대로 형편없이 낮지는 않은지 자세히 따져봐야 하죠. 이런 일이 우리가 할 수 있는 일이고, 또 반드시 해야만 하는 리서치 과제입니다.

아무튼 주식시장을 잘 맞추려면 그 나라 증시 전체를 이끄는 기업들이 돈을 버는 재주를 가지고 있는지, 그리고 돈을 버는 힘이 어떻게 변하고 있는지를 잘 살펴봐야 합니다. 즉, 돈벌이 엔진(세계경기, 기술력, 수출경쟁력, 적절한 설비 증설, 원가 요인, 제품가격 상승 요인, 부가가치 요인 등)이 앞으로 더욱 강화되는 추세인지, 약화되는 추세인지를 파악하는 것이 중요합니다. 그것만 근사치로 파악해도 주가를 상당 부분 맞출 수 있죠. 개별 종목 주가도 마찬가지입니다. 2장에서 살펴볼 한국 증시의 굵직한 주도주들 역시 모두 돈벌이 엔진이 강화될 때 형성된 성장주였습니다.

그런데 확률적으로 자본주의 경제가 앞으로도 계속 성장할 가능성이 크고, 기업들이 끊임없이 분발할 것이라 믿는다면 주가지수는 긴 호흡으로는 계속 오를 것입니다. 실제로 모든 증시는 장기간 경제성장률과 맥을 같이해왔습니다. 특히 그 나라 증시에 상장되어 있는 기업은 대부분 그 나라 대표 선수들 아닌가요?

앞서 말했듯 이 리서치 메모는 과거에 우리 리서치 센터장님과 팀원들이 선술집에서 나눴던 이야기를 기록한 것입니다. 메모장에는 이런 말이 적혀있었습니다.

'우리가 꽤 나이 들었을 때 쯤에는 코스피 1만 포인트도 가능하지 않을까?'[◆]

리서치 메모 3.
경제지표의 함정에 빠지지 말자

결론부터 이야기하면 주가는 경기가 좋을 때만 오르지 않습니다. 경기가 침체된 상태일 때도 낮은 금리와 희미한 경기 회복 기대감만으로 주가가 오를 수 있고(봄 장세), 경기가 여전히 호황임에도 경기 확장의 끄트머리(late cycle)에서 높은 주가 밸류에이션과 금리 상승, 통화긴축 우려로 약세장이 시작되는 경우도 많습니다(가을 장세). 물론 경기를 타고 강세장이 펼쳐지고(여름 장세) 경기가 고꾸라지면서 약세장에 빠지는(겨울 장세) 경우가 더 많습니다.

중요한 건 경기가 반드시 펄펄 끓어야만 강세장이 보장되고, 경기가 얼어붙으면 주가도 무조건 얼어붙는 것은 아니라는 점입니다. 그래서 경기가 아닌 주가(밸류에이션)를 봐야 하는 것이죠. (학교에서는 반대로 가르칩니다.) 즉, 핵심은 현재 주가가 얼마나 비싼지,

---

◆ 이런 대화가 오갔던 1995년은 한국 외환위기 직전으로 코스피가 950포인트 내외에서 변동하던 시기였다. 우리는 안타깝게도 곧 외환위기가 닥칠 것임을 전혀 알지 못했다. 많은 고비가 있겠지만 어쨌든 코스피는 계속 오를 것이며 필자의 계산으로 2040년대에는 코스피가 1만 포인트에 이를 것으로 보인다.

아니면 얼마나 싼지에 있습니다. 주가가 너무 비싼 상태라면 미세한 경기 둔화나 통화긴축 신호만으로도 주가가 크게 떨어질 것입니다. 반대로 주가가 너무 저렴한 상태라면 약간의 경기 회복 신호에도 주가가 겨울잠에서 깨어나듯 꿈틀거리며 올라갈 것이고, 중앙은행이 금리를 아무리 올려도 전혀 아랑곳하지 않고 계속 '고고!' 할 것입니다. 전체 장세도 그렇고 개별 섹터나 종목도 마찬가지입니다.◆

증시에서는 경기의 단순 높낮이나 하강과 상승보다 방향성, 즉 경기가 지금 어디서 어디로 가고 있는지가 중요합니다. 또한 예상치나 기대치 대비 실제 경제지표가 좋은지, 나쁜지가 더 중요하죠. 보통 경제학자들은 국내총생산(GDP)이 전 분기보다 낮아져 2분기 연속해서 뒷걸음질하면 경기침체로 간주합니다. 하지만 현실에서는 모호한 기준이죠. 증시 국면을 판단할 때는 여러 지표를 종합적으로 보는 것이 좋습니다. (참고로 저는 미국과 한국의 경기선행지수를 가장 신뢰합니다. 특히 미국의 경기선행지수는 역사가 길고, 주가지수를 제외한 9개의 구성 항목이 잘 검증되어 있습니다. 세부 항목으로는 제조업 평균 주당 근로 시간, 평균 주당실업수당 청구 건수, ISM 신규 주문 등 7개의 비금융 요소와 장단기 금리차, 선행 크래딧지수, S&P500 주가지수라는 3개의 금융

◆ 우라가미 구니오, 박승원 옮김, 『주식시장 흐름 읽는 법』, 한국경제신문사, 1993년. 경기와 통화정책, 금리, 주가가 어떻게 순환하는지를 4계절로 명료하게 설명한 고전이다.

요소로 구성되어 있습니다.)

특히 경제지표는 한두 달 속임수를 보이는 경우가 많습니다. 하강 추세에 잠시 좋아지거나 상승 추세에 잠시 나빠지는 것을 보고 이에 속으면 안 됩니다. 추세를 확인할 때까지는 한두 달 경기지표에 너무 연연하지 않는 것이 좋습니다. 오히려 투자하는 데는 경기 판단을 유보하는 것이 편할 때가 많습니다. 경제지표의 속임수와 함정에 빠지지 않으려면 다음과 같이 살펴야 합니다. 고용지표도 일정한 추세가 중요하고, 신규 일자리 수와 광의의 실업률, 영구 실업률, 구인·구직배율, 경제활동 참가율, 임금 상승률 등을 종합적으로 살펴야 합니다. 특히 한국은 수출이 주가를 가장 잘 설명합니다. 출하·재고비율, 산업생산도 함께 보는 것이 좋습니다.

'미스터 마켓'이라 불리는 주식시장은 성미가 급해 경기를 후다닥 반영하는 속성이 큽니다. 석유화학, 정유, 철강 등 소재 산업과 조선 해운업이 특히 그렇죠. 주가는 귀신같이 경기(기업이익)를 앞서가므로 우리가 진짜 주목해야 할 것은 숫자 자체보다는 지표의 방향성과 탄력의 변화이며, 경기 서프라이즈와 변화의 모멘텀입니다. 한국의 GDP 대비 제조업 비중은 세계 2위 수준(27%)으로 아직 높아 수출 경기 모멘텀이 중요하지만, 첨단산업 비중이 높아져 기술 발전 속도가 향후 경제 성장을 좌우하고 주가도 기술혁신에 연동할 것으로 예상됩니다.

내가 틀렸다고 생각해본 적 있나요?
———
223

위험의 본질을 알면
생존 가능성이
높아진다

제9장

고수는 위험을 먼저 파악한다

투자는 위험을 비용으로 지불하고 적절한 수익을 얻는 행위입니다. 보통 사람은 투자를 할 때 수익을 먼저 생각하지만, 투자 고수는 위험을 먼저 따집니다. 보통 사람은 너무 많은 위험을 비용으로 치르고 그 위험에 비해 적은 수익을 가져가지만, 투자 고수는 위험이라는 비용을 최소한으로 적게 치르고 수익을 알뜰하게 챙겨갑니다. 얼핏 보수적 투자를 말하는 것 같지만 그렇지 않습니다. 위험을 따지는 사람은 오히려 겉으로는 공격적인 투자자로 비춰집니다. 위험을 꼼꼼히 따져 자신이 감당할 위험의 성격과 크기를 잘 파악하고 나면 지체 없이 액션을 취하기 때문이죠. 위험을 보고 투자 기회를 포기하는 게 아니라 위험을 보고 투자를 합리적으로 조정하는 사람이 투자 세계에서 생존할 확률이 큽니다.

위험 관리를 잘하지 못하는 투자자는 실속 없는 게임을 합니다. 가령 1000만 원을 주식에 투자해 첫해 30%를 벌고 그다음 해 30%를 손해보고 또 그다음 해 30%를 번 A씨는 얼핏 화려해 보이지만 3년 후 고작 180만 원을 버는 데 그칩니다. 하지만 매년 10%씩 꼬박꼬박 수익을 낸 B씨는 3년 후 330만 원을 벌고, 매년 15%씩 수익을 거둔 C씨는 520만 원을 법니다. 이렇듯 주식투자를 한두 해 하고 그만둘 게 아니라면 위험 관리가 중요하죠. A씨가 두 번째 해에 손실률을 -10%로만 방어했어도 그의 3년간 누적 수익은 520만 원이 됐을 것입니다.

주변의 많은 운용자를 관찰한 결과, 두 종류의 부류가 있다는 사실을 알게 되었습니다. 첫 번째는 눈앞의 단기 시세(수익)를 쫓아가는 운용자이고, 두 번째는 위험(그리고 그 반대급부인 수익)을 먼저 따지는 운용자입니다. 전자는 시장이나 종목의 시세 변동을 쫓아서 오르면 사고 빠지면 파는 시세 추종 매매를 하는 반면, 후자는 시장이나 종목의 위험 수준을 먼저 따지고 가치를 추종하는 매매를 합니다. 예를 들어 A종목의 주가가 하락한다면 얼마까지 떨어질까(downside risk)를 먼저 생각하고 본인이 감당할 만한 위험이라고 판단되면 매우 공격적으로 주식을 사기 시작하죠. 물론 주가의 상승 여력(upside potential)은 이미 분석을 끝낸 상태이므로 상방 기대수익이 하방 위험보다 훨씬 크다는 자신의 판단을 믿고 그렇게 행동하는 것입니다. 그리고 결과는 시장의 처분에 맡깁니다. 간혹 타이밍을 제대로 맞추지 못해 고전하기도 하지만, 그는 기다릴 줄 아는 투자자입니다. 대개는 시장이 그의 판단에 적절한 보상을 해줍니다. 그렇다면 우리는 과연 시장 전체의 위험을 경기 사이클 같은 객관적 지표를 통해 적절히 판단할 수 있을까요?

주가와 경기는 장기간 매우 밀접하게 움직여왔습니다. 전미경제연구소(NBER)가 발표한 주식시장과 경기의 관계는 당연하면서도 흥미롭습니다. 1948년 이후 미국에서 주가 바닥과 경기 저점 사이의 시차는 평균 4.6개월이었는데, 11번의 경기침체 중 8번은 4~6개월 정도에 집중되었어요. 주가 정점과 경기 정점 간의 시차도 5.4개월 정도였죠.* 하지만 우리가 경기 변동을 실전에 사용하는 데는 어려움이 있습니다. 전미경제연구소는 경기 저점과 정점 진단을 적지 않은 시차(보통 1년 이상, 길 때는 2년 내외)를 두고 발표합니다. 권위 있는 기관의 경기 판단은 사후적이라는 말입니다.

더욱이 주가는 경기선행지수를 앞설 때도 많습니다. 경기가 주가 변동을 만드는지, 각종 금융 환경과 자산가격 변동이 경기를 쥐

◆ 제러미 시겔, 이건 옮김, 『주식에 장기투자하라』 이레미디어, 2015년

고 흔들고 있는지조차 분명하지 않아요. 최근 경기선행지수 구성 항목 중 장단기 금리차나 유동성의 영향력이 커지고 있는 점을 보면 꼬리(금융)가 몸통(실물)을 흔들고 있는 듯합니다. 중앙은행의 통화정책과 시장금리가 소비와 설비투자에 영향을 주고, 주가와 집값이 소비에 영향을 미치는 것은 더 이상 새로운 사실이 아닙니다. 경기선행지수 자체에 주가가 포함되어 있는 것만 봐도 이를 알 수 있죠.

심지어 경기 변동이 주가 변동과 전혀 일치하지 않는 경우도 있었는데, 경기 신호에만 의존해 주식투자를 했다면 매우 황당했을 것입니다. 미국의 경우, 1945년 이후 경기침체가 없었는데도 다우지수가 10% 이상 떨어진 사례가 13번 있었습니다.[*] 경기 변곡점을 잘 판단했더라도 주가 변곡점을 맞추는 일은 결코 쉽지 않다는 뜻입니다.

◆ 제러미 시겔, 이건 옮김, 『주식에 장기투자하라』 이레미디어, 2015년

경기가 어디쯤 있는지만 알아도
절반은 성공이다

경제활동의 움직임과 그에 따른 결과로 경기가 부침(浮沈)을 거듭하게 되는데 이를 '경기 변동'이라 하고, 경기 변동이 반복되는 것을 '경기순환'이라 합니다. 저는 이것을 활용해 늘 증시 판단에 유용한 멋진 경기 예측 모델을 갖고 싶었습니다. 증시의 역사가 곧 경기 변동의 역사이고, 기업이익과 경기 사이클은 밀접하므로 경기순환 속에 증시에 대한 답이 있을 것이라 생각했죠. 하지만 안타깝게도 아직 제대로 된 모델을 개발하지 못했습니다. 제가 경험한 짧다면 짧고 길다면 긴 30년의 증시 파동에서 그 원인과 결과가 똑같은 경우는 단 한 번도 없었습니다. 변명으로 들릴 수도 있겠지만 완벽한 모델은 존재하지 않을 것이며, 혹 존재한다 해도 주가를 완벽하게 맞추긴 어려울 것입니다. 그럼에도 우리는 왜 경기순환을 알아야 하고 경기에 대응해야 할까요?

1929년 세계대공황 이후 미국의 경기순환은 수축 14개월, 확장 44개월로 주기는 58개월(약 5년)이었습니다. 한국의 경기순환은 통계가 잡힌 1972년 이후 수축 18개월, 확장 33개월로 전체 주기는 51개월 정도였습니다. 전 세계 경기순환을 살펴보면 최근 수축은 점점 짧아지고 확장은 길어지는 추세입니다.

이처럼 경제는 늘 변하지만 그 변화에는 규칙성이 있습니다. 그 규칙성을 잘 이해하고 적절히 대응한다면 좋은 기회는 살리고, 위험은 피할 수 있습니다. 계절 변화나 썰물과 밀물의 규칙성을 이해하고 대응함으로써 농경과 조업을 지혜롭게 할 수 있는 것과 마찬가지입니다.

경기 변동과 순환은 기회 요인이자 위험 요인입니다. 사업이든 투자든 마찬가지죠. 특히 경제위기에 슬기롭게 대응해야 하는 이유는 개인이나 기업이나 국가나 모두 '생존'이 달린 문제이기 때문입니다. 거듭 강조하지만 여기서 중요한 것은 경기순환의 속성과 특징을 정확하게 파악하는 것입니다.

저는 투자자 하워드 막스(Howard Marks)의 투자 철학에 동의합니다. 그는 '거시적 미래는 누구도 알 수 없으며, 미래를 예측하는 일은 별 도움이 되지 않는다'라고 했습니다.[*] 대신 투자에 영향을 미치는 요소들은 규칙적인 변동을 보이는 경우가 많아 그 경향을 파악하는 게 중요하다고 보았죠. 즉, 사이클의 속성과 특징, 사이클 내 위치 판단을 통한 전략 포지셔닝이 중요하다는 것입니다. 경기 사이클 판단과 관련해 우리는 다음과 같은 것들을 확인해보아야 합니다.

---

[*] 하워드 막스, 이주영 옮김, 『투자와 마켓 사이클의 법칙』 비즈니스북스, 2018년

- 지금이 상승 초입인가, 막바지인가.
- 특정 사이클이 한동안 지속된 경우, 현재는 역사상 어느 정도 위험이 있는 국면인가.
- 사이클상 지금은 과열인가, 냉각인가.
- 이러한 것들을 모두 고려할 때 포지션의 중심을 방어에 두어야 하는가, 공격에 두어야 하는가.

예를 들어 '지금이 상승 초입인가, 막바지인가'를 고민했다면 이렇게 대응할 수 있습니다. 경기 상승 초입에는 경기순환주와 우량주 중심의 공격적인 투자를, 경기 상승 중반에는 성장주 중심의 균형적인 투자를, 경기 확장 막바지에는 안정성장주나 거품이 적은 성장주, 가치주나 실적주 중심의 매우 보수적인 투자를 하는 것이죠. 또 사이클 대부분은 장기 추세를 중심으로 회귀하는 성향이 있으므로 이를 잘 활용해야 합니다.

현재 경기가 어느 정도 위치에 있는지만 알아도 모든 투자의 절반은 성공이라 확신합니다. 경기의 좌표를 대략이라도 알고 있다면 위험의 크기에 대해 적절한 견적을 뽑을 수 있기 때문이죠. 지금은 주식 등 위험자산의 비중을 적극 늘릴 때인지 줄일 때인지, 아니면 오로지 안전자산에 잠잠히 머물 때인지에 대한 판단은 어디에서 나와야 할까요?

물론 다른 사람들의 생각이나 시장 분위기를 눈치껏 쫓아 행동할 수도 있지만, 그들 역시 대부분 경기 전망에 근거해 판단합니다. (금리 예측도 경기 전망의 한 부분입니다.) 주택, 상가, 주식, 원자재, 신흥국 자산, 금리가 높은 투기등급 회사채, 암호화폐와 토큰 등은 위험자산으로, 우량 신용등급의 국채나 회사채, 금, 달러, 현·예금은 안전자산으로 분류됩니다. 인식하고 있든 그렇지 않든 우리는 항상 자산을 쪼개서 관리하고 있습니다.

그런데 혹시 여러분은 자산 배분을 할 때 앞으로의 경기 흐름이나 위험보다는 당장의 유행이나 돈 좀 벌었다는 주변 사람들의 이야기를 쫓아가지는 않나요? 금융투자뿐 아니라 사업도 경기가 어떻게 될지를 보고 판단합니다. 보통 경기가 좋으면 신규 투자를 추진하고, 경기가 나쁘면 잠시 보류하죠. 하지만 사실은 그 반대여야 합니다. 경기가 나쁠 때 새로운 투자를 시작하고, 경기가 좋을 때 슬그머니 빠져 나와 위험을 관리하는 것이 오히려 경기 순응적인 태도라 할 수 있습니다. 경기는 늘 순환하기 때문이며, 너무 좋은 경기는 영원히 지속될 수 없고 너무 나쁜 경기 또한 그리 오래 가지 않기 때문입니다.

경기가 좋을 때는 투자하려는 자산이나 사업의 프리미엄이 너무 비싸고, 경기가 나쁠 때는 모든 게 저렴하고 차입금리가 싸며 사업권이 마이너스 프리미엄인 경우가 많아요. 우리는 경기 사이클의 위치(과랭, 평균, 과열)를 통해 위험자산의 위험을 측정할 수 있습니다. 비록 그게 정확하지 않더라도 그런 태도만으로 자신의 소중한 자산을 지킬 수 있고, 또 용기를 내 적기에 시장에 뛰어드는 등 다른 사람들과 다른 행동을 할 수 있어요.

2022년 세계 경기 사이클은 높은 인플레이션과 급박하게 진행될 통화긴축에 영향을 받을 겁니다. 유가가 더 가파르게 오르면 경기가 힘들어질 수 있습니다.

경기 흐름에서 주도주가 보인다

경기순환을 알아야 하는 또 다른 중요한 이유는 주도주를 판단하기 위해서입니다. 모든 경기에는 국면마다 특징과 스토리가 있고, 이는 당시의 성장 국가, 성장 산업, 성장 기업을 탄생시키죠. 주도주는 단지 주식에만 해당되는 게 아니라 좀 더 큰 흐름으로 봐야 합니다.

1960년대 말부터 1970년대 초반까지는 미국 소비 전체가 주도주였습니다. 당연히 니프티 피프티(Nifty Fifty)가 세계 증시를 이끌었죠. 니프티 피프티는 미국 증시를 주도했던 50개 우량주 종목으로 코카콜라, IBM, 제너럴일렉트릭, 존슨앤존슨, 맥도날드, 월트디즈니, 다우케미칼 등 대부분 우리가 알 만한 기업들입니다.

1970년대에는 석유가 거대한 주도주였고, 1980년대에는 일본 기업이 글로벌 주도주였습니다. 2000년 밀레니엄 직전에는 이름에 '닷컴'이 붙은 기업이 모두 주도주였고, 2000년대 중반에는 중국 성장과 관련된 해운, 조선, 철강, 화학산업이 주도주였죠. 그리고 지금은 미국 중심의 혁신기업들이 글로벌 주도주 자리를 꿰차고 있어요. 수요가 있는 곳에 투자와 생산, 사람과 기술이 몰리니 자본이 뒤따르는 것은 당연합니다. 우리는 이를 '메가 트렌드'라 부르죠.

당분간 세계 경기는 혁신기업이 주도할 것입니다. 이것이 바로 인공지능(AI), 빅데이터, 메타버스(metaverse)*, 전기자동차, 자율자동차, 신재생 에너지, 바이오, ESG 테마가 지속되는 이유예요. 지금 장기 경기순환은 4차 산업혁명과 관련이 있어 현재 이들 산업에서 놀라운 혁신이 일어나고 있고, 투자와 소비도 이쪽 분야에 쏠리고 있습니다.

다음 살펴볼 그래프는 그동안 한국 경기를 이끌어온 산업과 증시 대표 주도주입니다. 닷컴버블기를 제외하면 대부분 수출/GDP 비율이 크게 뛰면서 주도주가 탄생했습니다. 주도주 스토리가 당

◆ 메타버스: 가상, 초월이란 뜻의 메타(meta)와 우주, 현실세계를 뜻하는 유니버스(universe)를 합성한 용어로 현실세계와 같은 사회, 경제, 문화활동이 이루어지는 3차원의 가상세계를 뜻한다. 기존에는 단순히 현실과 무관하게 별도의 가상공간을 만들어 운영했다면 메타버스는 현실세계와 연계되는 가상공간이란 점에서 주목받고 있다.

시 경기 흐름과 같았다는 증거죠. 저는 향후 한국 수출을 주도할 업종은 반도체, 모바일 기기, 통신장비, IT 핵심소재, 전기차, 2차 전지, K콘텐츠, 게임, 소프트웨어, 바이오, 헬스케어 등이 될 것으로 확신합니다. 이들 업종이 한국 수출을 끌고 가야만 한국 경제가 생존할 수 있고 미래가 환하게 빛날 수 있습니다.

한국의 수출 역사

1960~1970년대 수출 태동기	1980년대 저부가 수출	1990년대 중화학 공업기반	2000년대 수출 고도화	2010년대 세계 일류화	2020년대 다양한 성장산업
목재류 광산물 어류 의류, 신발	의류, 신발 자동차(조립) 영상기기(조립) 저부가 전자부품	자동차 영상기기 전자부품 조선, 유화 컴퓨터	반도체, 자동차 조선 해양구조물 무선통신기기 유화 철강	반도체, 컴퓨터 무선통신기기 자동차 소비재 서비스업	반도체 모바일기기 자동차 기계 소비재, 바이오

시대별 증시 주도주

① 닷컴버블 직전 – 새로운 성장산업의 등장

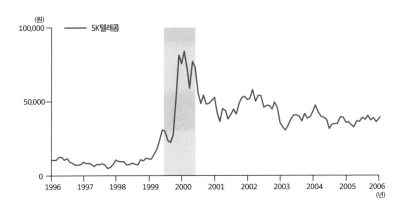

② 2000년대 초 – 중국의 성장과 수출고도화 주도 기업 (1)

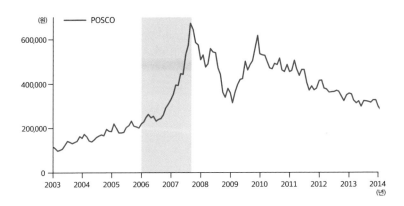

② 2000년대 초 – 중국의 성장과 수출고도화 주도 기업 (2)

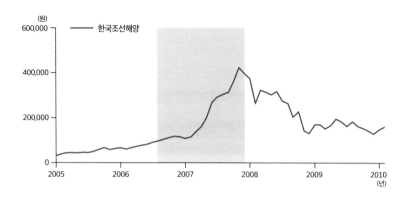

③ 글로벌 금융위기 이후 – 세계 일류화 도약 기업

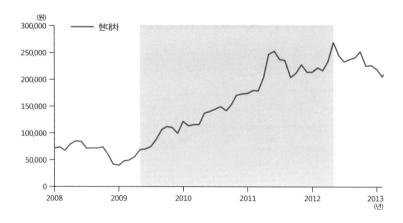

④ 2010년 이후 - 중국 소비재 관련 기업

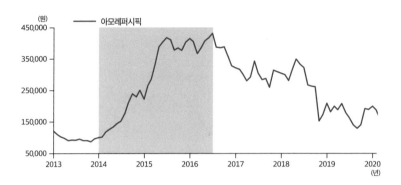

⑤ 코로나19 이후 - 플랫폼 산업의 재도약

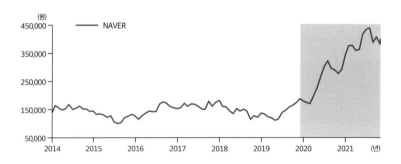

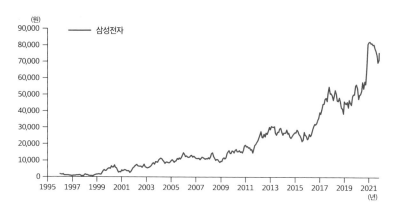

⑥ 세계적인 한국의 성장기업 표본

그래프 ①~⑥은 235쪽 그래프 '시대별 증시 주도주'에 해당하는 대표 기업의 주가 그래프다.

위기는 곧 기회

시간이 지나고 보니 모든 경제위기는 엄청난 기회였습니다. 한 자만 보아도 위기(危機)는 위험과 기회를 모두 함축하고 있죠. 단, 위기가 기회가 되려면 위기의 중심에서 적어도 반 발자국은 피해 있어야 합니다. 모든 경제위기는 자산가격 폭락을 수반했고, 그 쓰나미는 위기의 순간에 많은 것을 집어삼켰습니다. 일자리와 사업체를 쓸어가기도 했고 자산 수익을 거두어가기도 했죠. 특히 무리하게 부채를 안고 있던 국가나 기업, 개인에게는 치명상을 입혔습니다.

경제위기는 어떤 형태로든 불확실성을 증폭시키는데, 불확실성을 가장 잘 표출하는 곳은 바로 신용시장입니다. 금리는 경제가 펄펄 끓을 때도 오르지만 아무도 돈을 빌려주지 않는 위기 중에 치솟는 경우가 많죠. 특히 낮은 신용등급의 채무자는 경제위기가 발생하면 제때 돈을 갚지 못해 자신이 진 빚과 함께 자산을 몰수당하는 경우가 많습니다.

모든 애널리스트와 투자 매니저가 그렇듯 저도 리서치와 운용 인생에 잊을 수 없는 고비가 있었습니다. 모두 경제위기가 발생했을 때였죠. 1997년 아시아 외환위기, 2000년 닷컴버블, 2008년 글로벌 금융위기까지. 세 차례의 경제위기는 지금 생각하니 추억이지, 당시에는 지옥이나 다름없었습니다. 이런 큰 위기들을 겪으며 깨달은 것은 전혀 예상하지 못한 가운데 위기를 맞았다는 점, 위기의 본질에 대한 서툰 이해로 초기에 잘못된 판단을 내렸다는 점, 위기 초기에 기회를 포착하기보다는 공포감에 휩싸여 위험 관리에 치중하느라 아까운 기회를 놓쳤다는 점입니다. 엄청난 위기는 곧 엄청난 부를 만들 수 있는 절호의 찬스였지만, 보통 사람들은 경제위기가 투자 기회라는 사실을 알고 있어도 이에 대응할 준비(위기에 대한 이해, 위험 관리, 현금 확보)가 부족했습니다. 그래서 막상 위기 한복판에서는 아무 행동도 못하는 경우가 많았죠.

그러나 결국 위기는 어떤 방식으로든 극복됐습니다. 매 위기마다 시차만 다를 뿐, 경제와 주가 모두 위기가 발생하기 전 수준 이상으로 회복됐습니다. 물론 위기 때마다 적지 않은 상처가 남았죠. 여러 사회적 비용(주로 재정지출, 기업 파산, 대규모 실업)이 발생했고, 그 비용은 누군가의 부담으로 돌아갔죠. 1997년 외환위기는 전 국민의 일자리 상실과 경제 고통이 그 비용이었고, 이런 국민적 비용과 한국 산업의 효율성 개선이라는 이득이 상계됐습니다. 2000년 닷컴버블 때는 IT 기업에 대한 크고 작은 투자 손실과 관련 기업들의 파산이 그 비용이었어요. 그리고 2008년 글로벌 금융위기 때는 태평양 건너 미국인의 탐욕으로 빚어진 금융위기가 일파만파 세계 경제를 강타해 그 비용을 전 세계 국민들이 골고루 나눠져야 했습니다.

세계 경제위기의 역사

위기명	발생(종료)	주요 원인	정책 대응
세계대공황	1929년 (1939년)	• 케인즈주의: 과다한 설비 투자로 경제 불안정 • 통화주의: 통화 공급량 과다 축소	• 통화정책 무대응 • 대규모 토목공사로 수요 창출
제1차 석유파동	1973년	• 10월 이스라엘 vs. 아랍권 국가 전쟁 시작 • OPEC 원유 고시가격 70% 인상 선언	• 단기 금리 인상 후 인하
제2차 석유파동	1979년	• 이란혁명, 석유 공급 불안으로 유가 폭등	• 1978년 6.9%였던 기준금리 20%까지 인상

저축대부조합	1986년 (1995년)	• 저축대부조합(S&L)에 대한 규제 완화 • 부동산과 정크본드로 자금 쏠림. S&L 30% 이상 파산	• 1989년 금융기관 재건 강 화 법안 발표 • 부동산 거래 규제 강화
블랙먼데이	1987년	• 1980년대 재정 적자, 자 산시장 과열, 프로그램 매 매 부작용으로 10월 19일 20% 이상 주가 하락	• 즉각적 금리 인하, 통화량 증대 • 주식 프로그램 주문 규제 강화
닷컴버블	2000년	• 1994~1999년 연준의 금융 완화 • IT 설비투자 붐, 주가 폭등 후 주가 폭락과 기업 파산	• 1999년 6월부터 2000년 초까지 정책금리 4.75%에 서 6.5%로 인상
아시아 외환위기	1997년 (1998년)	• 태국이 고정환율제를 포기 하면서 아시아 국가 환율 폭락, 연쇄 위기 • 기업 부채, 공급 과잉	• IMF, 아시아 긴급 구제 지 원 패키지 • IMF, 위기국에 금리 인상과 구조조정 강요
글로벌 금융위기	2007년 (2008년)	• 저금리로 주택투자 붐, 고 위험 모기지 상품과 대출 증대 • 주택시장 버블 후 채무 불 이행과 은행 파산	• 금리 인하 및 비전통적 완 화정책 • 가계 세금 환급, 기업 투자 세액 감면
아랍의 봄	2010년 (2012년)	• 2010년 말 중동과 북아프 리카에서 촉발된 반정부 시위 • 곡물가격 급등 및 세계적 기근, 독재정권 부패	• IMF와의 차관 협정과 긴축 정책
남유럽 재정위기	2009년 (2012년)	• 유로화 도입으로 남유럽 국 가들의 환율 불균형 • 재정지출 의존도 높은 남유 럽 국가 재정위기	• 추가 금리 인하 여력 불충분 • 재정건전성 악화 및 대응 제약
코로나19	2020년~	• 2019년 12월부터 중국발 바이러스 전 세계 확산 • 생산 중단 및 이동 제약, 수요 급감으로 세계 경기 충격	• 각국 금리 인하와 양적완화 • 전 세계 동시 재정 확대

출처: FRB, IMF, 각종 문헌

경제위기를 만드는 순환고리:
부채 급증과 통화 팽창, 자산시장 과열

　과잉 설비, 인플레이션, 부채 증가, 재정적자, 주가나 집값 거품, 식량난, 전쟁과 내란, 전염병까지 그간 경제위기를 일으킨 요인은 다양했습니다. 하지만 역사적으로 경제위기의 대응은 통화정책과 재정정책, 즉 중앙은행이나 정부가 돈을 풀고 부실해진 부문을 도려내거나 구제해주는 방식이 전부였죠.

　국가가 대외 빚을 갚지 못하는 경제위기를 '외환위기'라 부르는데, 외환위기로 인해 그 나라는 통화가치 폭락, 물가와 금리 급등, 국가 신용등급 강등, 외환 부족이라는 악순환의 굴레에 빠집니다. 때문에 위기 당사국의 힘만으로는 도저히 위기에서 빠져나올 수가 없습니다. 그래서 보통은 까다로운 구조조정 조건을 내걸고 IMF로부터 달러를 빌립니다. 당연히 돈줄을 쥐고 있는 미국에 유리한 조건이며, 그 결과 외환위기 당사국의 국부는 무장 해제된 채 해외로 유출됩니다. 현대판 한시적 식민지 제도라 해도 과언이 아니죠.

　2000년 닷컴버블을 거치면서 경제위기에서 벗어나는 데 중앙은행의 역할이 한층 커졌습니다. 정부가 직접 나서면 국가부채 증가로 국가 신인도가 나빠지고, 정책 운신의 폭이 줄며, 증세 부담에 국채 발행이 증대되고(금리 상승 부담), 환율 변동성이 커지므로 중앙은행이 먼저 구원투수로 나서는 것이 여러모로 이득입니다. 재정정책처럼 복잡한 의회 승인 절차도 필요하지 않고, 금융통화위원 몇 명이 의사결정을 내리면 되는 일이니 보다 간편하죠.

하지만 그렇다고 해서 2000년 이후 각국의 국가부채가 줄어든 것은 아닙니다. 오히려 과도한 재정지출의 결과로 국가부채는 최근 20년간 더 급격히 늘어 현재 그 수위는 경고 수준을 넘었습니다. 2021년 말 기준, 선진국 국가부채의 경제 규모(GDP) 대비 비율은 1945년 제2차 세계대전 수준을 넘어섰고, 신흥국도 이미 사상 최고 수준을 경신했습니다. 빚이란 고삐가 한 번 풀리면 쉽게 멈추지 않습니다. GDP보다 국가부채가 더 빨리 늘어나는 이유는 각국의 방만한 재정 운용, 정치 포퓰리즘, 인구 고령화, 복지 예산의 증가, 군비 경쟁 심화 때문입니다.

이러한 국가부채 급증은 정부의 이자 비용을 증가시켜 중앙은행에 더욱 의존적인 정책 구도를 고착시키고 있습니다. 중앙은행들은 최근 금리 조정에 만족하지 않고 보다 적극적으로 비전통적인 통화정책 일명 양적완화(시장에서 직접 자산을 매입하는 행위)를 즐기고 있습니다. 이처럼 중앙은행이 일을 많이 할수록 전 세계 경제와 자산시장은 더욱더 그에 의존하는 금리 수동적인 구조로 변해가고 있습니다.

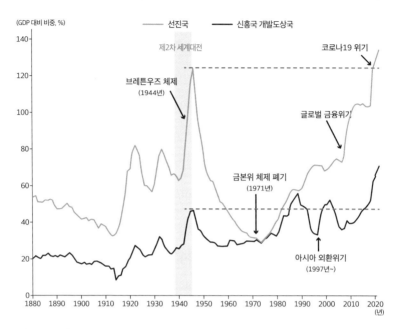

(GDP 대비 비중, %)

선진국   신흥국 개발도상국

제2차 세계대전

코로나19 위기

브레튼우즈 체제
(1944년)

글로벌 금융위기

금본위 체제 폐기
(1971년)

아시아 외환위기
(1997년~)

전 세계 국가부채/GDP 비율은 제2차 세계대전 이후 최고 수준이다.

출처: IMF

경제위기의 또 다른 중요한 공통점은 부채(신용)가 급증하면서 자산시장에 여지없이 과열이 일어났고, 그 과열이 꺼지면서 경제위기가 더 증폭되었다는 것입니다. 그래서 세계 경제위기의 역사는 곧 부채의 역사이자 자산시장 거품의 역사라 할 수 있죠.

세계대공황은 과잉 부채와 주가 과열을 동반했고 제1차, 2차 석유 파동은 유가 폭등으로 인한 인플레이션 위기였습니다. 이후 미국 저축대부조합 위기와 블랙먼데이 위기도 자산시장 과열이 주원인이었죠. 1990년 이후 일본의 잃어버린 10년 위기는 엔화자산의 과열과 일본 부동산 거품이 그 단초가 되었습니다. 2000년 닷컴버블은 명백한 주가 거품이 원인이었고, 2010년 아랍의 봄 위기와 남유럽 재정위기는 곡물가격 급등과 국가부채 급증, 주택시장 과열이 원인이었어요. 2008년 글로벌 금융위기는 닷컴버블 붕괴 때문에 푼 유동성과 과잉 부채, 미국 집값 과열이 조합돼 만들어진 경제위기였죠. 다른 나라 같았으면 IMF 구제금융을 받고 적어도 4~5년 IMF의 통치를 받았을 거예요.

이처럼 위기를 수습하느라 푼 유동성은 또다시 부채 증가와 자산 과열로 이어져 위기의 거대한 악순환 고리가 형성되어 왔습니다. 부채위기와 자산시장의 위기, 경제위기는 떼려야 뗄 수 없는 끈끈한 동맹관계라 할 수 있죠. 실물과 자산시장, 그리고 부채의 삼각 구도가 더욱 밀착된 지금, 지구촌에 어떤 경제위기가 찾아와도 전혀 이상하지 않습니다. 코로나19로 돈이 풀릴 만큼 잔뜩 풀렸고, 전 세계 부채가 폭증한 상태에서 지구촌 구석구석 모든 자산 가격이 올라 새로운 경제위기가 닥칠 만한 여건은 충분히 조성되었어요. 어느 나라든 앞으로 발생할 경제위기는 예전보다 환율시장과 자산시장의 변동성을 키울 것으로 보이며, 자산시장의 균열과 부채 조정의 난맥상에서 그 방아쇠가 당겨질 것으로 보입니다.

경제위기는 한 나라 또는 세계 경제에 여러 불균형이 너무 커졌을 때 터집니다. 경제의 불균형은 늘 있지만 그 불균형 정도가 어느 임계치를 넘으면 그때는 누구도 그것을 멈춰 세울 수 없고, 통제 불가능한 상태로 치닫습니다. 그때 그 불균형을 강제 조정하는 것이 어쩌면 경제위기의 숨은 기능이죠. 1929년 세계대공황 때의 불균형은 거대한 글로벌 수요와 공급 불균형, 소비와 생산설비의 불균형이었습니다. 실물경기(또는 소득 수준)와 자산가격 간의 불균형은 자산버블을 거쳐 경제위기로 번지는 단골 메뉴예요. 또한 자금시장과 채권시장의 불균형이나 실물과 금융시장의 불균형으로 인한 인플레이션은 금리 상승 경로를 거쳐 경제위기로 발전합니다.

앞서 언급한 무분별한 부채 증가도 경제 불균형 현상 중 하나입니다. 실물에 비해 부채가 너무 빠르게 늘면 그 끝에는 대개 경제위기가 기다리고 있죠. 라틴아메리카, 러시아, 동아시아, 남유럽 국가 등 역사상 국가부도(또는 그에 준하는) 상황을 맞은 대부분의 국가가 그랬습니다. 감당할 수 없을 정도의 높은 부채비율은 상환 능력을 잃게 만드는데, 그러한 불균형은 결국 BJR('배 째라'라는 은어)과 신용위기로 귀결됩니다. 부채위기의 주체는 어떤 때는 국가였고 어떤 때는 기업이었으며 어떤 때는 개인이었습니다.

원유나 곡물 같은 원자재의 수급 불균형도 인플레이션과 금리 상승을 통해 경제위기로 번지고, 1997년에 우리나라가 겪은 달러 수급의 불균형은 한 나라를 외환위기로 몰고 가기도 합니다. 국가 간 통화가치의 불균형도 경제위기를 부르는 위험한 인자예요. 한 나라 환율이 지나치게 고평가(또는 저평가)되어 있다는 것은 그만큼 국가 간 경제 불균형이 극심해져 강제적인 환율 조정을 필요로 한다는 뜻이죠.

1985년 플라자 합의[*]로 엔화의 초강세(달러가치 하락)가 시작되자 일본 중앙은행은 통화 공급을 늘렸고, 이는 일본 내 주가 상승과 집값 상승으로 이어졌습니다. 하지만 이 호황은 오래가지 못했어요. 1990년부터 자산 거품이 꺼지면서 일본의 대차대조표 불황[**]이 찾아왔죠. 플라자 합의 이후 10년이 지난 1995년부터는 급등(엔/달러 하락)했던 엔화가치가 약해지기 시작했고, 반대로 미 달러는 강

---

[*] 플라자 합의(Plaza Agreement): 1985년 9월 뉴욕 플라자호텔에서 G5 재무장관들이 맺은 달러화 강세를 시정하기 위한 조치를 말한다. 1980년대 미국과 일본의 만성적 무역 불균형을 시정하기 위해 미국의 달러가치를 인위적으로 떨어뜨리고 일본의 엔화가치를 올려 양국의 무역수지 불균형을 해소하려는 취지였다. 이로 인해 1980년대 중후반 한국은 달러가치, 국제 금리, 석유 가격이 낮아지는 3저 호황의 반사이익을 누렸다. 플라자 합의 이전 달러당 259엔이었던 엔화가치는 1987년 블랙먼데이를 거치면서 140엔대로 올라갔고, 아시아 외환위기 직전인 1995년에는 달러당 84엔까지 올라갔다. 급기야 1995년 4월 소위 역(逆) 플라자 합의가 이루어졌고, 투기 세력들이 엔화가치를 다시 떨어뜨리려는 과정에서 아시아 외환위기가 발생했다. 이후 엔화는 1998년 달러당 141엔을 피크로 다시 장기간 안정됐다.

[**] 대차대조표 불황: 노무라경제연구소의 리처드 쿠(Richard Koo)가 처음으로 사용한 용어다. 그는 일본 기업이 투자한 일본 전역 및 미국 부동산 가격이 하락하면서 일본이 '자산가치 하락→ 부채 상환 압력 증가 → 설비투자 둔화, 자산 매각→ 자산가치 하락, 은행 건전성 위협'이라는 총체적 대차대조표 불황에 빠졌다고 이야기했다. 리처드 쿠, 정성우·이창민 옮김, 『밸런스시트 불황으로 본 세계 경제』 어문학사, 2014년

세로 돌아서며 외환 사정이 취약하거나 고정환율제도를 유지하던 아시아 신흥국들의 외환위기가 시작됐습니다.

1997년 5월 태국 방콕에서 열린 세계 헤지펀드 총회 직후 조지 소로스(George Soros) 회장은 한 언론과의 인터뷰에서 "태국 바트화가 30% 이상 고평가되어 있다"라고 말했습니다. 이는 아시아 외환위기의 대서막을 알리는 신호탄이었죠. 이후 태국을 시작으로 한국 역시 IMF에 구제금융을 신청했고, 말레이시아와 홍콩은 고정환율에서 벗어났으며, 아시아 신흥국의 통화가치가 폭락하면서 도미노식 외환위기를 겪어야만 했습니다. (따지고 보면 1990년대 아시아 외환위기는 1985년 미국의 인위적 환율 조정으로 유발된 셈이죠.) 뒤이어 1998년 8월에는 러시아가 국가부도(모라토리엄, 루블화 가치 400% 폭락)를 선언했고, 대륙을 건너 멕시코가 외환위기에 직면하면서 미국 은행들이 대출 위험에 빠지자 급기야 연준은 1998년 9월부터 약 1년간 금리를 내렸습니다.

이때의 금리 인하는 이후 닷컴버블로 이어지는 유동성 젖줄이 되었습니다. 결국 지나친 환율 불균형은 각국 경제의 불균형에서 비롯됐고, 그로 인한 환율 조정은 경제위기 또는 외환위기를 일으키는 방아쇠 역할을 한 셈이죠. 물론 환율이 장기간 질서 있게 조정되는 경우도 있었지만 그렇지 않은 경우가 더 많았습니다. 절대 기축통화국인 미국의 달러가치가 불균형이 심했을 때 세계 경제에 위기가 찾아왔고, 그 결과 달러가치는 역사적인 변곡점을 형성했습니다.

원자재 가격과 달러가치의 불안정

(WTI 달러/배럴 로그)

| 제1차 오일쇼크 | 제2차 오일쇼크 | S&L 금융위기 | 신흥국 외환위기 | IT 버블 붕괴 | 글로벌 금융위기 | 남유럽 재정위기 | 코로나19 경제위기 |

1975 1978 1981 1984 1987 1990 1993 1996 1999 2002 2005 2008 2011 2014 2017 2020 (년)

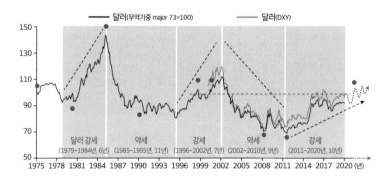

달러(무역가중 major 73=100) ———— 달러(DXY)

달러 강세 (1979~1984년, 6년)   약세 (1985~1995년, 11년)   강세 (1996~2002년, 7년)   약세 (2002~2010년, 9년)   강세 (2011~2020년, 10년)

1975 1978 1981 1984 1987 1990 1993 1996 1999 2002 2005 2008 2011 2014 2017 2020 (년)

원자재 가격과 달러가치의 불안정은 경제위기의 원인이자 결과다. 빨간색 선(DXY)은 유로화, 엔화, 캐나다 달러 등 6개국 통화에 대한 달러화의 평균적인 가치를 나타내는 지표다. ● 표시는 국제유가가 높거나 달러가치 변곡점이다. 참고로 1983~1985년 아르헨티나 등 남미 외환위기, 1997~1998년 아시아와 러시아 외환위기, 2010년~2012년 산유국 위기, 남유럽 위기가 있었다.

출처: 블룸버그

자산시장의 위기에서 발견한 힌트

자, 그렇다면 우리는 어떻게 경제위기를 좀 더 빠르게 예측하고 대응할 수 있을까요? 저는 모든 경제위기는 자산시장에서 먼저 신호가 감지된다는 점에서 자산시장 모니터링이 가장 중요하다고 생각합니다. 또 앞서 언급했듯 부채가 지나치게 많이 쌓여 강제적인 부채 조정이 있을 만한 곳에 위기의 힌트가 숨어 있을 것입니다.

위기를 만드는 틈새는 당시 경제의 가장 취약한 고리일 가능성이 큽니다. 경제위기는 보통 확대·재생산되는데요. 가령 위기 초기의 금리 상승은 더 많은 부실기업을 재무적 위기로 몰고 가고, 위기 초기의 달러 강세는 더 많은 달러 빚쟁이들을 위기로 몰고 갑니다. 둑에 미세한 실금이 생기면 처음엔 조금씩 물이 새지만 균열이 점차 커지면 마침내 둑 전체가 붕괴되고 논밭이 범람하는 것과 같죠. 따라서 위기 초기의 신호 포착이 중요합니다.

물론 경제위기는 정황이 있더라도 위기라고 단정 짓는 것이 쉽지 않아요. 또 아무도 막을 수 없습니다. 막을 수 있었다면 경제위기로 기록되지도 않았겠죠. 경제위기는 대개 아무도 예측하지 못했을 때 슬그머니 찾아옵니다. 다만 강조하고 싶은 것은 위기의 징후에 촉각을 세우고 있으면 위기가 터졌을 때 남들보다 신속하고 지혜롭게 대응할 수 있다는 것입니다. 우리는 그런 자세로 경제위기에 임해야 합니다.

단, 경제위기를 너무 일찍 예단하면 위기 전에 펼쳐지는 화려한 경기와 자산가격 상승이라는 좋은 기회를 모조리 놓칠 수도 있습니다. 지금도 수년째 경제위기를 주장하는 학자들이 있지만 보통 경제위기는 비관론자들의 예상보다 훨씬 늦게 옵니다. 경제위기가 오려면 부채 증가와 경제 불균형, 자산시장의 과열이 엄청나게 심각해야 하기 때문이죠. 물론 비이성적 과열이 심할수록 경제위기의 후폭풍도 큽니다.

경제위기 대응 전략

1. 경기와 신용 사이클이 지금 어디에 위치해 있는지 늘 파악하자.
2. 부채가 많이 쌓여 있는 국내외 경제의 취약한 부분을 관찰하자.
3. 부동산, 주식, 국채, 하이일드 채권* 등 모든 자산의 과열 정도를 모니터링하자.
4. 달러가치를 비롯해 각국 통화가치 왜곡과 불균형을 모니터링하자.
5. 유가 등 상품시장의 과열과 인플레이션을 주목하자.
6. 특정 자산의 거품 가능성이 70% 이상이라면 단계적 위험 관리를 시작하자.
7. 은행 시스템 밖의 그림자 금융에 대해서도 위험을 파악하자.
8. 현재 대중이 선호하는 사업이나 자산에 대한 노출도(비중)를 평균 이하로 줄이자.
9. 위기가 왔을 때 기회로 삼을 액션을 미리 준비해놓자.
10. 상시적 위험 관리 체제를 운영하고 전문가의 의견을 수렴하자.

아무튼 경제위기는 초기에 원인을 정확하게 파악하는 것이 중요합니다. 위기의 원인과 성격을 알면 전개 방향과 충격파를 가늠할 수 있고, 자산가격의 흐름도 예측하기 쉽습니다. 지진으로 비유하면 여진이나 쓰나미 가능성을 알아야 하고, 엉뚱한 곳으로 불똥이 튀는 것을 간파해야 합니다.

2008년 글로벌 금융위기 때는 대규모 금융회사의 파산과 일자리 실종으로 경기 회복 속도가 더뎠습니다. 일종의 여진이었죠. 위기가 발생한 지 2~3년이 지났는데 그때부터 달러 강세 쓰나미가 발생했고, 전 세계 수요 위축으로 원자재 가격 하락 폭도 제법 컸습니다. 나비효과로 유로화 약세와 남유럽 재정위기가 발생했고, 신흥국 경제가 고전했습니다.

반면 코로나19로 인한 경제위기는 변이 바이러스와 경제 봉쇄(lockdown) 때문에 경제가 어려워졌다고는 하나 경제위기라고 부를 정도로 경기침체 기간이 길진 않았습니다. 기업 집단에서 대규모 구조조정이 없었기 때문이죠. 대신 생산과 공급 차질로 인플레이션과 경제 양극화가 심해진 것이 특징입니다. 달러 강세 파도도 다른 경제위기 때보다 높지 않고, 위기 초기 급락 이후 팬데믹 기간 내내 모든 위험자산의 성과도 좋았습니다. 근래 경제위기 중 가

◆ 하이일드 채권(high yield bonds): 고수익·고위험 채권으로, 정상 채권과 부실 채권 중간에 위치한 신용 등급 BB⁺ 이하 채권을 말한다.

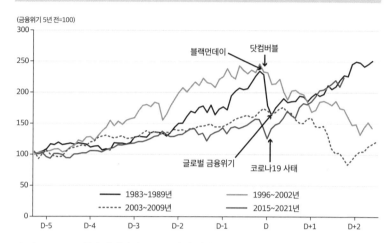

주가로 본 1980년대 이후 전 세계 경제위기 사례

(금융위기 5년 전=100)

블랙먼데이

닷컴버블

글로벌 금융위기

코로나19 사태

- 1983~1989년
- 1996~2002년
- 2003~2009년
- 2015~2021년

자료는 S&P500 월간 데이터다. D+1은 위기 시작(거품 붕괴) 후 1년을 의미한다.

장 특이한 케이스라 할 수 있죠.

주가를 보면 경제위기가 얼마나 제각각인지 알 수 있습니다. 경제위기는 보통 주가 하락으로 표출될 수밖에 없기 때문에 주가 하락 이후 회복 흐름을 보면 경제위기의 수습 특징도 알 수 있죠. 전 세계 주가 변동의 역사와 충격 사례를 분석한 켄 피셔(Ken Fisher)는 저서 『주식시장은 어떻게 반복되는가』를 통해 1937년 이후 세계 주가가 연 10% 이상 하락한 총 10번(코로나19가 시작된 2020년을 포함하면 11번)의 사례 중 그다음 해에도 주가가 연속해서 하락한 경우는 단 3번이었고, 유일하게 2000년 닷컴버블 때만 당

해 연도를 포함해 총 3년간 연속 주가가 두 자릿수 하락을 보였음을 강조했습니다.[*]

주식 장기 침체장이 매우 드물다는 것은 경제위기가 와도 세상은 늘 이를 극복했고, 오뚜기처럼 일어섰음을 의미합니다. 2000년부터 2002년까지의 장기 약세장을 빼면 1973년 제1차 오일쇼크 때 주가가 15.2% 하락한 후 그다음 해에 25% 하락한 것이 2년 연속으로 주가가 하락한 유일한 사례입니다. 1937년 대공황 때는 바로 다음 해에 주가가 5.6% 올랐고, 베트남 전쟁이 격화된 1973년에는 다음 해에 21%나 올랐습니다. 이라크 전쟁(2003년 3월~2011년 12월) 전운이 감돈 2002년에는 20% 주가 하락 후 다음 해에 33% 올랐고, 2008년 글로벌 금융위기 때는 41% 주가 하락을 딛고 다음 해에 30% 상승을 기록했습니다.

그렇다면 우리는 이런 경제위기(신용위기, 외환위기, 자산위기)의 진짜 본질을 무엇으로 봐야 할까요? 앞서 언급했듯 대부분의 경제위기는 부채 증가(신용 팽창)와 자산시장 과열을 수반했고, 이것이 해소(부채 조정과 자산시장 정상화)되면서 위기도 수습됐습니다. 무리한 부채 증가와 자산가격 과열은 인간의 탐욕과 조급증에서 비롯된 것입니다. 기업은 매출을 늘리고 경쟁에서 이기기 위해 부채 조

◆ 켄 피셔, 라라 호프만스 지음, 이건, 백우진 옮김, 『주식시장은 어떻게 반복되는가』 에프엔미디어, 2019년

달에 열을 올리고, 개인은 다른 사람들보다 더 많은 수익을 얻기 위해 대출을 받아 소위 '빚투'의 대열에 들어서죠. 이것이 무리하게 부채를 늘리는 이유이며, 이러한 행동은 과잉 투자와 자산가격 거품을 유발합니다.

경제 전망과 투자 전략 분야의 최고 권위자이자 경제 예측 전문기관인 덴트연구소(Dent Research)의 창업자 해리 덴트(Harry Dent)는 경제위기와 버블의 관계를 잘 설명한 사람 중 한 명입니다. 그는 버블은 인간의 본성이고 일정한 규칙성이 있다고 보았으며, 버블은 반드시 터지고 아무리 노력해도 막을 수 없다고 이야기했습니다. 또 버블은 팽창 전 수준 또는 그 이하로 회귀하는 속성을 가지고 있으며, 중앙은행은 버블을 키우는 코카인이라고도 거칠게 말했죠.* 전혀 틀린 말도 아닌 것 같습니다.

세계 경제는 지금 높은 인플레이션 위험에 직면해 있습니다. 러시아의 우크라이나 침공은 당분간 여러 나비효과, 연쇄효과, 채찍효과(작은 상부 요인이 하부로 갈수록 증폭되는 효과)를 불러올 것입니다. 가령 러시아의 경제 침체는 유럽 경제와 금융 시스템에 부담을 줄 것입니다. 유로화 약세, 달러 강세가 심화되면 남유럽 국가는 물론, 중국의 부채 조정에도 부정적 영향을 미칠 것입니다. 또한

◆ 해리 덴트, 안종희 옮김, 『2019 부의 대절벽』 청림출판, 2017년

곡물과 각종 원자재 가격 급등은 위드 코로나 상황에서 2차 공급 교란을 불러오고 특히 자원 수입 의존도가 높은 북아프리카와 여타 신흥국, 저소득 국가에 또 다른 지정학적 위험을 촉발할 수 있습니다. 무엇보다도 인플레이션을 조기에 잡지 못하면 세계 경제가 빨리 꺾일 위험이 있습니다. 제대로 된 통화긴축도 못할 정도로 세계 경기와 기업이익이 둔화되거나 중앙은행이 물가를 잡기 위해 금리를 급격히 올리게 되면, 부채와 유동성이 쌓아 올린 지구촌 자산시장은 펀더멘털과의 괴리가 더욱 커지므로 이 또한 훗날 역사에 거품으로 기록될 수 있습니다.

경제위기를
극복하며 얻은
투자 교훈

제10장

증시 패턴과 주도주의 변화

이번에는 시각을 조금 바꿔 투자자 관점에서 경제위기의 교훈을 살펴보도록 하겠습니다. 투자자들은 제가 애널리스트 관점에서 느낀 점들을 투자 교훈으로 활용할 수 있을 겁니다. 투자자들은 큰 위기를 거칠 때마다 시장을 통해 학습을 합니다. 물론 위기가 지나가면 까먹곤 하지만요. 아무튼 위기 때마다 우리는 소중한 지혜를 얻습니다. 어떤 때는 주가 거품과 폭락, 그러니까 우리의 탐욕과 연약함을 반성하고, 또 어떤 때는 위기가 끝난 뒤 주도주가 변신하는 모습을 보며 놀라워하죠.

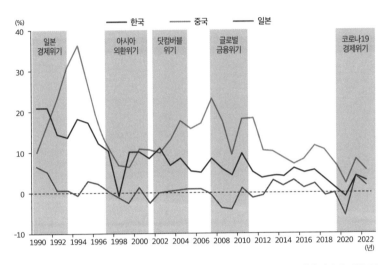

한·중·일의 경제성장률 추이와 경제위기

음영은 1990년 이후 5번의 경제위기를 표시한 것이다. 근래에 올수록 경제위기에 대한 각 국의 반응이 동조화되고 있다.

출처: 블룸버그

1997년 아시아 외환위기:
상상 초월의 위기 속에서 배우다

1997년 아시아 외환위기(1997년 11월 IMF에 구제금융 신청) 직후 우리 증시의 문호가 외국인에게 완전 개방됨으로써 한국 리서치에도 큰 변화가 일었습니다.

"왜 기업 실적을 향후 3~4년이나 장기로 추정해야 하나요?"

당시 한 외국계 증권사 리서치 센터장에게 제가 던진 질문입니다. 지금 생각하면 부끄럽기 그지없는 우문이죠. 그는 조금 당황한 듯한 표정으로 이렇게 답했습니다.

"기업은 영속하고 주가는 가시적인 기간 중 벌어들일 이익을 현재가치로 할인한 값이기 때문입니다. 기업을 인수할 때 적용하는 가치평가 방식과 비슷하죠."

이에 저는 "그러면 증권사에서는 어떻게 기업이익을 정확히 추정하나요?"라고 질문했고, 이런 답을 들었습니다.

"근사치에 가까운 것으로 만족해야죠. 그래서 대차대조표와 손익계산서, 현금흐름표를 함께 분석해 오류를 줄이기 위해 노력합니다. 이것이 기업분석 모델을 사용하는 이유예요. 애널리스트가 가장 먼저 해야 할 일은 그 기업이 어떻게 사업을 영위하는지를 정확히 이해하는 거예요. 우리가 알 만한 글로벌 리서치 조직에도 사업 모델을 제대로 파악하지 못한 채 기업분석을 하는 애널리스트들이 있어요. 엉뚱한 수익 전망으로 백날 밸류에이션(적정가치 판단)을 해봤자 무슨 소용이 있겠습니까? 재무제표 추정 작업 중에는 매출액과 매출원가율 추정이 가장 중요합니다. 매출액을 잘 전망하기 위해서는 먼저 주력 사업의 업황을 예측하고, 설비능력을 파악하고, 그 기업의 핵심 경쟁력과 전방 수요, 판매가 등을 꼼꼼히 전망해야 합니다. 회사 측에서 말하는 수치를 논리적으로 반박할 정도가 되어야 해요."

외환위기는 한국 증시와 리서치에도 큰 획을 그은 사건이었습니다. 온 국민이 국가 파산(일시적 외환 부족 사태)을 목격했고, 우리의 의도와 무관한, 외세(IMF)에 짓밟힌 무질서한 구조조정은 많은 국부 유출과 고통을 수반한다는 사실을 절감했어요. 또한 시장 참여자들은 다음의 것들을 깨닫게 되었습니다.

'주가라는 것이 늘 오르는 것만은 아니구나.' '주가가 한 번 빠지면 이렇게 극단적으로 장기간 빠질 수도 있구나.' '위기가 발생하기 전에 많은 신호가 있었음에도 불구하고 어이없이 그것을 모두 무시함으로써 화를 키웠구나.' '환율과 경상수지가 수출 국가에게 이토록 중요한 것이구나.' '경제위기로 금리가 튀면 이렇게 오를 수도 있구나.' (당시 한국의 대기업 회사채 금리는 연 40% 이상까지 치솟았습니다).

IMF 사태로 가는 과정에는 여러 위험 시그널이 있었습니다. 코스피는 1994년 10월 1100포인트를 피크로 계속 하락해 1997년 1월 한보 사태(재계 서열 14위였던 한보그룹이 1997년 1월 한보철강의 부도로 해제된 사건입니다. 당시 한보그룹의 부실대출 규모는 5조 7000억 원으로 건국 이래 최대의 부실대출과 금융부정 사건으로 기록되었습니다.) 때 700포인트마저 내어주었고, 1997년 11월 27일 정부가 IMF에 구

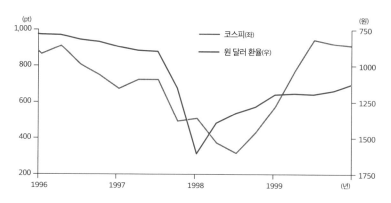

한국 외환위기 전후의 주가와 환율

분기 평균 데이터다. 실제 코스피 저점은 1998년 6월 1일 277.37포인트, 달러 최고점은 1998년 1월 1707원이었다.

제금융을 신청할 때 370포인트까지 추락했습니다. 이후 기아자동차 부도가 확정된(이후 현대자동차그룹에 피인수) 1998년 초 567포인트로 잠시 반등했지만, 결국 그해 6월 300포인트마저 붕괴된 후에야 추세적 대반등을 할 수 있었습니다.

그 당시 보고서를 작성해 기관을 돌며 세미나를 했던 기억이 아직도 생생합니다. 리포트의 요지는 원화 환율은 곧 달러당 1000원 내외로 안정될 것이고, 회사채 금리는 10% 부근으로 낮아질 것이며, 주가는 곧 1000포인트를 향해 반등할 것이란 내용이었죠. 그때 우리 팀은 다른 것은 보지 않고 첫째, 외환위기에 영원히 갇혀 있는 국가는 역사상 존재하지 않는다는 점, 둘째, 한국의 구조조정과 수출 동력상 달러당 평균 1500원의 원화 환율은 곧 대규모 달러 유입으로(경상수지 흑자) 이어질 것이란 점을 강조했습니다.

투자자들은 모든 것이 캄캄하게만 느껴졌던 외환위기가 결국 극복되어가는 것을 목격하면서 한편으로는 한국 경제의 저력을 실감했을 것입니다. 그리고 '자본주의 시장경제는 결국 위기를 극복하는 힘이 있구나', '전쟁에 버금가는 이러한 상황과 증시 충격은 부(富)를 크게 거머쥘 수 있는 기회였구나' 등의 큰 교훈을 얻었을 것입니다.

2000년 닷컴버블:
가짜 성장주의 허무함

외환위기가 아시아를 한 바퀴 휩쓸고 간 지 불과 한두 해 지난 시점에 역사상 가장 화려한 강세장이 찾아왔습니다. 그 촉매는 아시아와 러시아의 외환위기로 인한 미국의 금리 인하, 즉 유동성의 재장전이었죠. 때마침 밀레니엄(2000년대)을 앞두고 모든 컴퓨터를 교체해야 한다는 설과 인터넷 상용화라는 대형 호재가 세계 주가를 미친 듯이 끌어올렸습니다. 역시 나스닥이 주도했죠. 1998년 10월 1419였던 나스닥지수는 2000년 3월 4958.6으로 1년 반 만

닷컴버블 이후 나스닥 시가총액 추이

(%)

— 나스닥 시가총액/총통화
— 나스닥 시가총액/GDP

GDP나 총통화 대비 시가총액의 값은 증권시장의 무게 변화를 알아보는 데 유용하다.

출처: 블룸버그

에 3.5배 치솟았습니다. 하지만 나스닥은 2002년 10월 1114.1로 순식간에 80%가량 떨어졌어요. 거의 5분의 1이 되었죠. 참고로 2021년 12월 말 기준 나스닥시장의 시가총액/GDP 비율은 114%로 2000년 8월 닷컴버블 붕괴 직전보다 50% 포인트나 높고, 시가총액/총통화 비율은 버블 전 고점 수준과 거의 비슷합니다.

한국의 닷컴 열풍도 나스닥에 뒤질세라 코스닥지수◆는 1998년

◆ 코스닥지수는 1996년 7월 1일 100으로 시작해 산출하다가 2004년 1월 25일부터 기준 단위를 10배 높였다. 이는 코스닥지수의 절댓값이 너무 낮아 지수 변별력이 떨어지는 것을 개선하기 위함으로 1996년 7월부터 소급 적용됐다.

10월 607에서 2000년 3월 2925.5로 1년 반 만에 5배 오른 뒤 2001년 1월까지 불과 10개월 만에 6분의 1 수준으로 떨어졌습니다. 코스닥지수는 거기서 또 반토막이 난 245.06까지 떨어졌다가 2008년 10월부터 추세적으로 반등했습니다. 닷컴 후유증으로 거의 8년 동안 조정을 보인 셈이죠. 2022년 3월 기준, 코스닥지수는 900이니 아직도 2000년 고점 대비 3분의 1 수준입니다.

종목별로도 할 이야기가 많지만 대표 사례만 간단히 짚어보겠습니다. 2000년 2월 새롬기술(현재 솔본)은 300만 원(시총 5조 원),

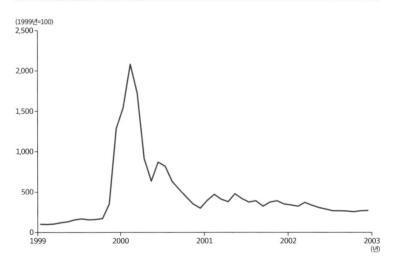

1998~2000년 성장주 주가: 비이성적 과열 표본

(1999년=100)

지수 채택에 사용한 종목은 SK텔레콤, KT, 새롬기술(현재 솔본), 다음(현재 카카오)이다.

출처: KRX

다음(현재 카카오)은 400만 원을 돌파했고, 당시 두 종목의 PER은 3000배가 넘었습니다. 닷컴 신기루가 사라지면서 새롬기술은 100분의 1, 다음은 20분의 1 수준으로 주가가 폭락했죠. 새롬기술과 다음은 그간 많은 변화를 거쳐 새로운 기업으로 탈바꿈해 오늘에 이르렀습니다. 1999년 11월 다음 주식을 1억 원 샀다면 그 돈은 3개월 만에 53억 원이 되었겠지만, 2000년 초 버블 고점에서 1억 원을 투자했다면 그 돈은 10개월 후에 440만 원이 되었을 것입니다. 모두 1년 만에 일어난 일이었고 이런 주식이 부지기수였죠.

닷컴버블 붕괴 후 우리 증시에서는 기업가치 평가에 새로운 바람이 일었습니다. 무엇보다 기업 성장의 허구성에 대한 반성과 함께 수익가치와 성장가치, 사업 모델의 평가 방법이 한층 정교해졌죠. 성장주라도 적정 밸류에이션을 따지는 문화가 생겼습니다.

또 닷컴버블 시대에 묻지마 투자 대상의 반대쪽에 있던, 닷컴 냄새가 전혀 나지 않는 가치주에 대한 재조명이 시작됐습니다. 주가 쏠림이 크면 반대쪽의 소외 종목군, 반대 스타일의 종목군에 반드시 주의를 기울여야 한다는 교훈을 주었습니다. 내수가치주의 대장주, 롯데칠성의 당시 PER은 고작 1.5배(이듬해인 2001년 실적 기준으로는 1.2배)에 머물러 있었어요. 물론 거래량이 없는 완전 소외된 종목들이었죠. 이들을 처음 주목한 세력은 몇몇 스마트한 펀드매니저와 외국인들이었습니다. 롯데칠성의 주가는 2000년 초 5400원에서 2005년 29만 9000원으로 약 55배 올랐습니다. 이들 기업은 외환위기를 거치며 경쟁 기업의 부도로 경쟁력은 배가됐고, 소득 개선으로 산업 환경도 좋아졌습니다. 지나고 보니 당시는 한국에서 다양한 프리미엄 소비재와 유통산업이 본격적으로 성장한 시기였어요. 한국형 안정성장주에 대한 관심이 높아졌죠.

시황분석도 큰 변화를 보였는데 그간의 단기 수급 중심에서 벗어나 그것을 결정하는 경기나 기업 어닝 사이클, 그리고 증시 전체

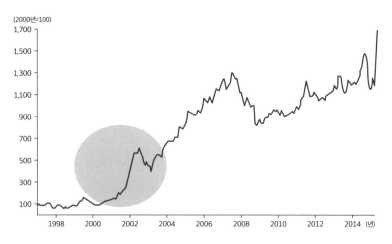

닷컴버블 후 가치주로 시작해 안정성장주로 발전한 내수주

(2000년=100)

지수 채택에 사용한 종목은 롯데칠성, 농심, 신세계. 음영은 닷컴버블 직후로 내수 안정성장주의 태동기라고 할 수 있다.

출처: KRX

밸류에이션 등 근본 요인에 보다 집중했습니다. 또한 외국인과 연기금이 수급의 주력으로 자리 잡아 그들의 동향을 파악하기 위해 글로벌 자본 흐름, 미국의 통화정책, 환율과 신흥국 전반에 대한 외국인의 태도 변화, 글로벌 증시 동향까지 분석의 지평이 넓어졌어요. 각종 이벤트 또한 당해 사건이 실제 펀더멘털에 얼마나, 어떤 경로로 영향을 미칠지를 따지는, 보다 합리적인 분석 툴이 정착됐죠.

2008년 글로벌 금융위기: 미국도 망할 수 있다고?

그로부터 6~7년 뒤 아무도 상상하지 못한 시점에 또 다른 메가톤급 위기가 찾아왔습니다. 2008년 글로벌 금융위기는 그림자 금융과 보이지 않는 부실, 그리고 부채의 위력을 다시금 깨닫게 한 사건이었죠. 그림자 금융이란, 제도권 금융 시스템 밖에서 이루어지는 금융활동을 지칭합니다. 제도권의 엄격한 규제를 받지 않고 통계도 부정확해 경제위기의 원인이 되는 경우가 많습니다. 당시는 낮은 신용등급 가계에 대한 주택담보대출과 이를 기초자산으로 한 장외 파생상품이 그림자 금융이었습니다.

그림자 금융은 사실 처음 있는 일이 아니었어요. 1929년 세계

대공황부터 저축대부조합 사태, 블랙먼데이, 닷컴버블 모두 그림자 금융과 부채 팽창이 주원인이었죠. 리먼브라더스 파산으로 상징되는 글로벌 금융위기는 미 연준을 비롯한 전 세계 중앙은행의 금리 인하와 자산 매입으로 빠르게 수습됐습니다. (양적완화라고 하는 적극적인 금융 완화 정책입니다.)

우리는 2008년 글로벌 금융위기 극복 과정에서 통화정책의 힘에 감탄하지 않을 수 없었습니다. 이는 통화정책(특히 연준의 정책 변

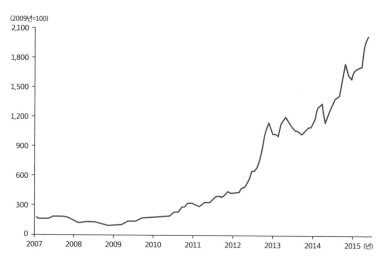

지수 채택에 사용한 종목은 아모레퍼시픽, 코스맥스비티아이, 한국콜마홀딩스, 오리온, 파라다이스 등이다.

출처: KRX

화)과 금융 컨디션 분석이 매크로 리서치의 중심으로 자리 잡는 계기가 되었어요. 또한 금융위기 직후 불어온 경제 훈풍으로 중국의 소비력이 커지며 한때 국내 증시에서 중국 소비주가 주도주로 부상하기도 했죠. 각 리서치센터가 앞다퉈 중국 전문가를 모셨고, 이즈음 중국 관련 보고서도 자리를 잡았습니다. 글로벌 금융위기는 모든 조사 분야에서 글로벌 리서치가 한 단계 발전하는 계기가 되었습니다.

코로나19 경제위기: 위기의 변신, 자산 인플레와 실물 인플레

위기의 변신은 무죄일까요? 2020년 3월부터 본격화된 코로나19는 또 다른 모습의 경제위기를 보여주었습니다. 앞서 이야기했듯 대부분의 금융위기는 유동성이 풀리고 경기가 회복되면서 그 여파로 부채가 늘고 자산시장이 과열(자산 인플레)된 뒤 그 과열이 터지며 경제위기로 발전됐죠. 하지만 코로나19는 눈에 보이지도 않는 미생물이 세계 경제를 멈춰 세우고 사람들의 이동을 막으며 기괴한 경제위기를 낳았습니다.

코로나19는 1918년에 발생한 스페인 독감 이래 100년 만에 지구촌에 창궐한 가장 심각한 질병입니다. 이로 인해 각국 정부는 재정을 풀었고 통화당국은 돈을 양껏 풀었죠. 그 결과, 바이러스는 아직 말끔하게 퇴치되진 않았지만 GDP 손실 등 각국의 경제 충격은 빠르게 회복됐습니다. 단, 자산시장이 과열로 치달았고 풀린 유동성과 공급 차질로 예기치 않은 인플레이션이 발생했습니다. 코로나19로 인한 자산시장 변동은 아직 진행 중이에요. 코로나19는 충격 발생 시점을 전후로 주가가 극단적인 브이(V) 자 형태를 보인 또 하나의 사례로 기록됐습니다.

그리고 역시 이번에도 위기는 기회였습니다. 또한 이번에도 통화정책 효과를 정확히 아는 게 핵심이었죠. 이해할 수 없을 정도로 과감한 통화정책은 자산시장을 뜨겁게 달궜어요. 자산 인플레(저금리와 유동성에 의해 모든 자산가격이 오르는 현상)와 실물 인플레(수요 견인과 공급 차질로 인한 물가 상승)가 이번 위기의 주된 특징이 되었죠. 오른쪽 그림과 같이 코로나19 위기는 여타 경제위기와 달리 경제 충격으로 인해 강력한 경기부양정책이 먼저 나왔고, 그 후광으로 자산시장 과열이 뒤따랐습니다. 만약 자산시장이 식고 경기도 둔화되면 이제 마땅한 정책 수단이 없습니다. 이미 풀린 유동성이 자산 인플레를 만들며 생활물가를 계속 압박하고, 과잉 재정지출로 인한 수요 견인 인플레가 지속되고 있죠.

오미크론이 종식되고 생활물가, 임금이 본격적으로 오르면 공급지연 등 일시적인 물가 상승 요인이 진정되더라도 인플레가 생각보다 오래 지속될 수 있습니다. 물론 물가상승률 수치 자체는 2022년 상반기를 정점으로 점차 안정되어 정상을 찾아갈 것으로 보입니다.

또한 코로나19로 국가 간·산업 간 경기 차별과 비대면 활동을 지원하는 여러 아이템이 빠르게 부상하면서 리서치와 투자 전략도 이런 변화에 빠르게 대응해야 했습니다. 이에 대해서는 다음 장에서 자세히 다루도록 하겠습니다.

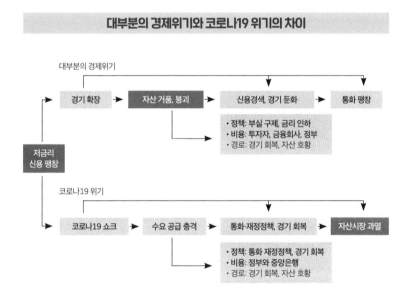

대부분의 경제위기와 코로나19 위기의 차이

과거에 발생한 대부분의 경제위기는 자산시장 과열이 붕괴된 후에 그 수습 과정에서 통화가 팽창됐으나 코로나19 위기는 통화 팽창이 먼저 일어나고 자산시장 과열이 뒤따랐다. 따라서 다음 상황의 초점은 과열된 자산의 유지 여부가 될 것이다.

미래 경제위기를
피하고
생존하는 법

제11장

코로나19 이후의 세상
5가지 변화 키워드 'COVID'

지금까지 투자의 본질과 생존을 위해 알아야 할 키워드를 경제위기와 그 대응 전략이란 관점에서 살펴봤습니다. 그리고 지난 경제위기들을 겪으면서 얻은 투자 교훈도 함께 나누었죠. 지금부터는 앞으로 일어날 자산시장의 변화, 경제위기에 대응하기 위한 방법을 핵심 키워드를 통해 살펴보려 합니다. 코로나19는 여러 상징성을 지니고 있고, 여러 모로 그 이전과 이후의 세상을 구분 지을 것입니다.

1. 화폐전쟁 (Currency hegemony):
환율변동과 미중 갈등 내재

"당신이 1000파운드를 빚졌다면 그것은 당신의 문제다. 하지만 100만 파운드를 빚졌다면 그건 그들의 문제다."

경제학자 존 메이너드 케인즈(John Maynard Keynes)가 남긴 유명한 말입니다. '앞으로 어느 나라 돈이 가장 안전할까?'라는 질문에 대한 답은 간단치 않습니다. 세상 이치대로라면 빚이 가장 적은 국가의 통화가 제일 안전해야 하지만, 현실에서는 반대로 빚이 가장 많은 국가의 돈이 제일 안전하죠.

세계 역사는 언제나 준비통화(reserve currency)의 역설이 통했습니다. 로마 화폐는 로마제국이 멸망하기 전까지 전 세계에서 가장 안전한 기축통화였습니다. 로마제국, 스페인, 네덜란드, 대영제국 등 경제 패권을 쥔 국가의 통화를 주변국들이 국고로 쌓아두는 역사는 늘 반복됐죠. 통화패권이 바뀌어야 비로소 세계 경제의 질서도 바뀌었어요.

2020년 말 기준 전 세계 공공부채 116조 달러 중 선진국과 신흥국의 국가부채 비중은 각각 74%와 26%입니다. 국가별로는 미국이 전 세계 국가부채의 33.7%를, 유로존이 17.4%를 떠안고 있습니다.

전 세계 국가별 부채 구성비

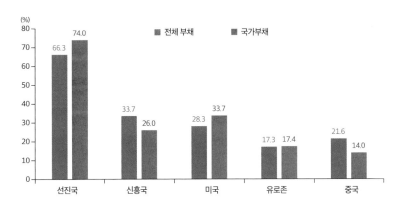

전체 부채는 국가, 기업, 가계부채의 합이다(2020년 말 기준). 전 세계 부채 금액 중 권역별 또는 국가별 비중을 나타낸다.

출처: BIS

　안전한 준비통화에 대한 수요가 클수록 준비통화 발행국, 즉 기축통화국의 부채는 비대해지고, 이는 결국 준비통화의 신뢰를 떨어뜨립니다. 이를 트리핀의 역설(Triffin's dilemma)이라 하죠. 다만 통화패권이 바뀌는 과정은 생각보다 오래 걸립니다. 1995년 전체 외환보유액은 전 세계 총생산의 5%인 1조 3000억 달러였습니다. 지금은 전 세계 총생산(94조 달러)의 13%인 12조 달러이고, 이 중 달러 비중이 60%가 넘습니다(2021년 말 기준).

　준비통화국의 특권이 커지는 사이 신흥국은 전 세계 달러의 70%를 보유하게 되었습니다. 이미 달러 의존적인 경제에 묶여버린 셈이죠. 때문에 앞으로 신흥국에서 외환위기가 더 빈번히 발생할 가능성이 높습니다. 미래 통화 체제가 어떻게 바뀔지는 모르지만 분명한 것은 세계 통화 체제의 모순과 불균형이 커질 대로 커진 상태라는 것입니다.

사실 코로나19로 인해 미국은 더 강건해졌습니다. 미국의 통화정책이 세계 경제에 큰 영향을 미쳤고, 정부부채가 크게 늘었으며, 펜데믹 기간 중 세계 경제 기여도가 더 커졌기 때문이죠. 중국이 미국 경제를 70% 정도 좇아온 상태에서 최근 미국이 펼친 통화정책과 재정정책, 그리고 혁신기업들의 입지 강화는 미국의 세계 경제 비중을 더 높이는 데 기여했습니다. 2022년부터 전 세계 GDP 대비 미국의 경상수지적자비율은 개선되는 반면, 중국 및 아시아 신흥국의 흑자비율은 둔화될 것이라 예상하고 있습니다. 미국 경제의 위상이 높아지고, 신흥국 통화에 비해 달러화가 강세를 보일 가능성이 있습니다.

이렇듯 경제위기 때마다 준비통화국과 주변국의 비대칭성이 커지는 현상은 단일 통화로서 달러의 입지가 더 강해졌음을 뜻합니다. 한 나라의 통화패권은 경제력뿐 아니라 군사력 우위도 반영합니다. 어차피 지금의 달러는 금을 기초로 한 '근본 있는' 통화도 아닙니다. 이 점이 미국이 자국의 군사력을 후퇴시킬 수 없는 이유이고, 향후 미중 갈등이 경제 영역뿐 아니라 지정학적 영역에서 더

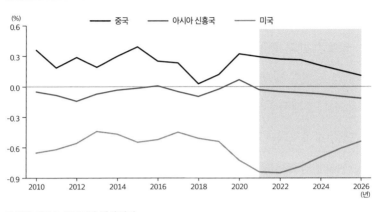

국가별 경상수지/GDP 비율 추이와 전망

음영은 2022~2026년 예상치다.

출처: IMF

불거질 수밖에 없는 이유라고 생각합니다. 혹자는 이를 화폐전쟁이라 부를 것이고, 혹자는 패권전쟁이라 부를 것입니다.

한 걸음 더 나아가 트리핀의 역설을 곱씹어보면 기축통화의 가치 하락(달러가치 희석)은 중장기로 금이나 암호화폐의 위상 변화를 예고합니다. 암호화폐는 P2P(peer to peer) 네트워크에서 안전한 거래를 위해 암호화 기술(cryptography)을 사용하는 전자화폐를 말합니다. 암호화폐는 아직 역사가 짧아 화폐로서의 기능은 약하지만 기존 통화 체제를 빠르게 침투하고 있습니다. 암호화폐는 경제 주체들의 경제활동 및 과세 측면에서 행정부의 견제를 받고 있고, 화폐 발행의 독점적 권리와 통화정책 측면에서는 중앙은행의 견제를 받고 있습니다.

탈(脫) 제도권(중앙화)을 지향하는 암호화폐와 이를 막으려는 기존 시스템 간의 충돌은 이미 시작됐습니다. 화폐로서 비트코인의 가장 큰 장점은 발행량이 제한되어 있다는 것인데, 이는 동시에 보유자의 편중성을 내포하므로 많은 도전을 받을 것입니다. 머지않아 연준이 암호화폐에 대한 규제를 발표할 수도 있다고 봅니다. 이런 가운데 암호화폐가 앞으로 교환, 가치저장, 가치척도라는 이른바 화폐의 3대 기능을 제대로 충족할 수 있을지는 미지수예요. 다만 지금의 추세라면 암호화폐는 금이나 원유처럼 가치 저장 기능은 확보할 것으로 보입니다. 대신 암호화폐가 화폐화될 경우, 그

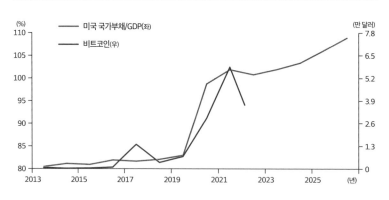

암호화폐의 가격과 미국의 국가부채비율

2025년까지의 미국 국가부채 전망은 IMF(2021년 10월) 자료다.

출처: 블룸버그, IMF

변동성은 줄어들어 투기적 자산의 성격은 약해질 것입니다. 물론 상당한 시간이 걸릴 것이고요. 당장은 위험자산의 일종인 암호화폐가 글로벌 주식시장(특히 나스닥시장)과 궤적을 같이할 것입니다.

2. 과잉 유동성(Overflow):
유동성의 두 얼굴(인플레와 자산가격 부양)

코로나19 시대에 각국의 통화정책은 2008년 글로벌 금융위기 때보다 훨씬 과감했습니다. 미국의 총통화(M2)/GDP 비율은 코로나19가 발생하기 직전인 2019년 말에는 71%였는데, 2020년 중반엔 95%로 사상 최고치를 기록하며 1년도 되지 않아 무려 24% 포인트 급증했습니다. 참고로 글로벌 금융위기 때는 2008년부터 2009년까지 7% 포인트 증가에 그쳤어요. 연준이 코로나19에 얼마나 적극적으로 대응했는지를 알 수 있는 대목이죠(이제 각국의 총통화는 경기와 함께 정상적으로 완만하게 증가할 것입니다).

또한 각국 중앙은행들은 기준금리를 내리고 국채 등을 시장에서 직접 매입해 추가 금융완화를 추진해왔습니다. 2020년 3월부터 2021년까지 세계 4대 중앙은행이 사들인 총자산은 12조 달러에 이르는데, 이는 지난 글로벌 금융위기 수습기인 2008년 9월부터 2010년 2월까지 1년 반 동안 진행된 2조 4000억 달러의 양적

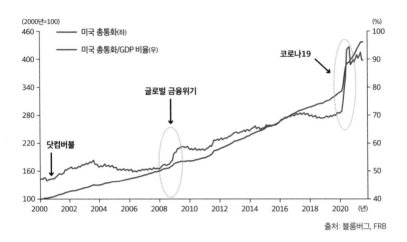

미국 총통화와 총통화/GDP 비율 추이

(2000년=100)

— 미국 총통화(좌)

— 미국 총통화/GDP 비율(우)

코로나19

글로벌 금융위기

닷컴버블

출처: 블룸버그, FRB

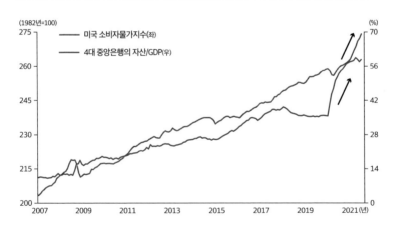

4대 중앙은행의 자산 매입과 인플레이션

(1982년=100)

— 미국 소비자물가지수(좌)

— 4대 중앙은행의 자산/GDP(우)

4대 중앙은행의 국가는 미국, 유로존, 영국, 일본이다.

출처: 블룸버그, IMF

완화(quantitative easing)보다 5배 정도 많은 규모입니다. 이로써 세계 4대 중앙은행의 경제 규모(GDP) 대비 보유자산비율은 2년도 채 안 되는 지난 코로나19 기간에 23% 포인트나 급증했습니다. 이 상승 폭은 2008년 9월부터 코로나19 엄습 직전인 2020년 2월까지 약 12년간의 상승 폭과 맞먹습니다.

이처럼 코로나19 시대 금융정책의 특징은 미국의 주도하에 전세계가 유례없이 동원 가능한 모든 정책 수단을 강도 높게 시행해왔다는 것입니다. 군사 작전을 방불케 한 이번 통화정책이 정상화되는 과정에서 경제와 자산시장이 어떤 반응을 보일지 관심이 집중되고 있습니다. 자산 매입 축소와 종료, 그리고 금리 인상 순으로 진행될 향후 출구 전략은 많은 변화를 예고하고 있어요. 현재 경제 규모 대비 유동성 수위는 사상 최고라 그 되돌림 또한 예전에 가본 적 없는 새로운 길이기 때문이죠. 우리는 앞으로 통화정책과 관련해 다음과 같은 점들을 고려해야 합니다.

중앙은행들의 보유자산(대차대조표) 규모가 원래의 자리로 완전히 되돌아가는 것은 현실적으로 불가능합니다. 연준과 유럽중앙은행(ECB)은 돌아올 수 없는 다리를 건너 이미 너무 멀리 와 있어요. 이는 양면적 의미를 갖죠. 우선은 중앙은행들이 인과응보로 당면한 인플레이션 대응이 쉽지 않을 수도 있음을 시사해요. 하지만 중장기 통화량이 크게 줄기 어렵다는 점에서, 2022~2023년의 통화긴축기를 잘 넘기면 이후 모든 자산시장의 유동성 환경이 나쁘지 않을 것임을 시사하죠.

그렇다고 통화량 면에서 당장 위험자산의 호황이 도래한다는 뜻이 아닙니다. 어떤 위기나 자산가격의 조정이 있다 하더라도 머지않아 다시 유동성 장세가 도래할 수 있음을 주장하는 거예요. 거듭 강조하지만 당장은 통화정책의 고삐가 조여지고 시중 유동성이 예전만큼 크게 늘지 못한다는 점에서 자산가격이 추가 조정을 받을 수 있습니다. 위험자산 가격이 더 오르려면 예전보다 훨씬 더 강한 실물 재료가 뒷받침되어야 하는데, 그것 또한 쉽지 않아 보입니다.

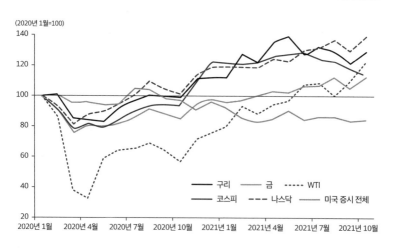

코로나19 이후 자산가격/총통화비율

출처: 블룸버그

또 자산가격이 저금리 기반으로 많이 올라 있고 유동성 대비 각 자산의 중량이 크게 불어나 있어 자산시장이 금리에 민감해질 것으로 예상됩니다. 만약 실물경기가 주춤하면 저금리 수혜 폭이 컸던 자산일수록 변동성이 클 것입니다. 각국 주택시장, 기술주 중심의 나스닥, 구리와 원유 등 원자재 시장 순이라고 할 수 있겠네요. 한국 증시도 그간 글로벌 유동성을 잘 반영해왔는데, 한국 증시의 유동성 수혜는 나스닥에는 미치지 못하지만 미국 증시 전체에 비해서는 결코 낮은 편이 아닙니다. 국내 증시가 그간 국내 통화량보다는 미국의 유동성에 더 많은 영향을 받아온 만큼 향후 글로벌 통화정책 변화와 금리 상승에서 자유롭지 않을 겁니다.

---

3. 변동성(Volatility):
돈 잔치 다음에 반드시 나타나는 현상

세계 경제와 금융은 어쩌면 변동성의 역사였습니다. 우리의 관심사인 금융시장의 변동성은 경기순환에 따른 부산물이기도 하죠. 금융시장의 변동성은 경기 때문에 발생하기도 하고, 금융 변동성 자체가 경기순환에 영향을 미치기도 합니다. 주가, 금리, 환율, 각종 원자재 가격의 변동은 일상적이고 당연한 현상이지만, 그 진폭이 클 경우 '금융위기'라고 부릅니다.

1969년 이후 지금까지 약 50여 년간 세계 주가, 금리, 환율로 본 굵직한 변동성은 최근에 나타난 코로나19까지 포함해 총 10차례 있었습니다. 결과적으로 지난 반세기 동안 약 5년에 한 번꼴로 위기라고 명명된 금융 변동성이 기록된 셈이죠. 이는 올림픽이나 월드컵 개최 주기에 가까워요. 사람들은 이러한 큰 변동성이 올 때마다 예전에 보지 못한 변동성이라고 말하지만 실제로는 그렇지 않습니다. 변동성은 경제의 생리적 현상이며, 어쩌면 자본주의 경제 발전에 필요 악(惡)일지도 모릅니다. 자산가격 변동성이 경제 내 공급 과잉과 부실 부문의 구조조정 혹은 부채 조정을 유발하기 때문이죠. 변동성은 누군가에게는 위험과 투자 손실을 안기지만 또 다른 누군가에게는 더없이 좋은 투자 기회가 될 수 있습니다.

코로나19의 확산과 경제 봉쇄로 2020년 상반기에 높은 금융 변동성이 다시 한 번 연출됐습니다. 이는 2008년 글로벌 금융위기 이후 12년 만에 가장 높은 변동성이었죠. 코로나19가 몰고 온 금융 변동성의 원인은 우선 경제 봉쇄와 이동 제한에 따른 충격 때문이었습니다. 하지만 이러한 경제 충격은 금융시장의 위험(변동성)을 오래 끌고 가지는 못했어요. 대규모 통화 공급과 경기부양책, 백신 접종이 사태 안정에 크게 기여했기 때문이죠.

특히 우리의 주 관심사인 금융시장 변동성은 미래 상황을 미리 반영하는 속성이 강합니다. 어차피 바이러스는 때가 되면 잠잠해

글로벌 금융 변동성 추이

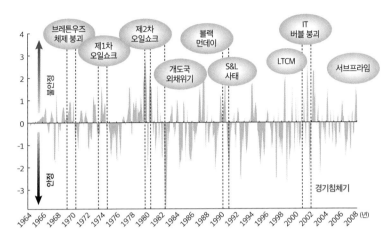

금융불안정지수가 1 이상이면 심각한 금융 변동성으로 정의한다(금리, 환율, 주가 변동성).

출처: 삼성경제연구소

미국 주가변동성지수 추이

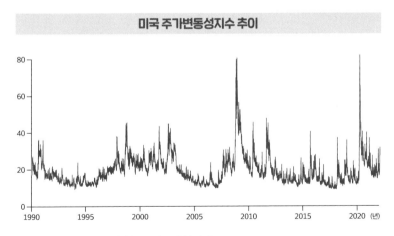

주가변동성지수(VIX)는 일명 '공포지수'라 불린다.

출처: 시카고 옵션 거래소

내가 틀렸다고 생각해본 적 있나요?

질 것이고, 유동성과 경기부양 효과는 계속 남을 것임을 시장은 잘 알고 있기 때문이죠. 또 여느 금융위기 때처럼 대규모 기업 구조조정이나 부채 조정이 이루어지지도 않았습니다. 그로 인해 코로나19로 인한 금융시장 변동성은 우려한 것보다 빠르게 극복될 수 있었습니다.

이제 관심은 위드 코로나 세상으로 쏠릴 것입니다. 향후 변동성(금융위험)은 팬데믹 이전부터 있었던 여러 경제 상황과 최근 추가된 환경이 합쳐져 생성될 거예요. 전자에는 2008년 이후 계속 증가된 각국 정부부채와 민간부채, 중앙은행의 대차대조표 확대 등이 해당될 것이고, 후자에는 코로나19로 인해 추가된 대규모 통화·재정정책, 경기의 양극화, 일부 자산가격의 밸류에이션 과열 등이 해당될 것입니다. 또 여기에 국가 간 또는 국민 경제 내 여러 차별화와 양극화가 향후 금융시장의 변동성 요인이 될 거예요. 차별화와 양극화는 경제에 약한 고리를 만드는데, 이 약한 틈새를 통해 부채 조정의 균열이 커질 수 있죠.

금융시장에서 다음 위기가 언제, 어떤 이유로 발생할지는 단언하기 어렵지만 다음과 같은 몇 가지 이유로 머지않아 또 한 번 금융시장 위기가 찾아올 것이라 예상합니다.

첫 번째는 과잉 유동성의 후유증으로 인한 금융시장의 변동성입니다. 세계적인 경제학자 마크 파버(Marc Faber)는 저서 『내일의 금맥』(구홍표, 이현숙 옮김, 필맥, 2003년)을 통해 양동이(자산시장)가 커지고 물(통화량)이 가득 찰수록 조금만 흔들려도 넘치는 물의 양(변동성)이 많아지는 이치로 이를 비유했습니다. 금융 변동성은 1차적으로는 통화긴축 초기에 발생하지만, 더 큰 2차적 변동성은 세계 경기가 순환적으로 약해질 즈음에 발생할 것이고 경기를 더 약화시킬 것입니다. 순환적으로 경기가 약화된다는 의미는 경기 사이클이 수축 국면으로 진입하는 상황을 뜻합니다. 경기가 더 이상 좋아질 수 없는 국면을 경기 확장의 막바지 국면(late cycle)이라 하는데, 이때부터는 자산시장이 역버블(과랭)을 향해 갈 수도 있습니다.

경기가 더 이상 위로 뻗지 못하고 기업이익 증가율이 둔화되면 주가는 바로 적정가치 논란에 휩싸입니다. 이때 유동성 수혜로 비싸진 자산일수록 크게 흔들리죠. 코로나19 전쟁을 치르느라 정부와 중앙은행의 정책 수단이 제약되어 있는 점도 다음 경기의 불확실성과 금융 변동성을 키우는 요인이 될 것이고요. 앞서 언급한 유동성과 내용이 중복되므로 추가 설명은 생략하겠습니다.

두 번째는 과잉 부채에 따른 금융 변동성입니다. 정부와 중앙은행이 경제에 깊숙이 개입할수록 자산시장은 금리에 더 민감해집니다. 경제 주체들의 모든 경제활동과 금융활동에 금리의 영향력이 커졌기 때문이죠. 근래 각국 정부는 당장의 경제 난관을 극복하기 위해 무차별적으로 부채 증가를 용인했습니다. 지금은 부채

를 적극 늘려야 유능한 정부로 평가되는 분위기이지만, 한편으로
는 적지 않은 비효율을 양산합니다.

한계기업과 좀비기업이 늘어나고 부채경제를 유지하기 위한
조세 부담과 부채 발행이 계속 커지는데, 이는 민간 소비와 투자를
억제하는 구축효과를 낳습니다. 또한 부채를 떠안은 정부가 점점
비대해져 자원 배분의 효율성이 떨어지고 있어요. 적자 재정은 당
장 시장금리를 상승시킵니다. (금리인상기인 2022~2023년 추경과 적
자 국채 발행은 국채금리를 높여 결국 추경을 지원한 서민과 소상공인의 대출
이자 증가로 고스란히 전가됩니다.) 과잉 부채 시대에 더 큰 정부로 인
해 실물보다는 금융 영역의 목소리가 커지고 금융자본이 주식의
발행시장과 유통시장을 장악해 독과점 기업에게 자본을 몰아주고
있는 상황이죠. 물론 긍정적인 측면도 있지만 한편으로는 가계나
기업이 기울어진 운동장(형평성 결여)에 내몰리고 있어요.

국가 간에도 신흥국과 선진국의 불균형이 커지고 있는데, 이는
세계 경제의 선순환을 가로막고 실물과 금융의 변동성을 키우는
요인이 될 수 있습니다.

이처럼 과잉 부채로 인한 금융 변동성은 특히 금리상승기에 발
생할 가능성이 큽니다. 경기가 과열되어 시장금리가 오를 때도 문
제고, 반대로 경기가 꺾여 시중에 자금이 유통되지 않는 신용경색
(credit crunch)이 올 때도 문제예요. 어차피 현금을 많이 쌓아놓는

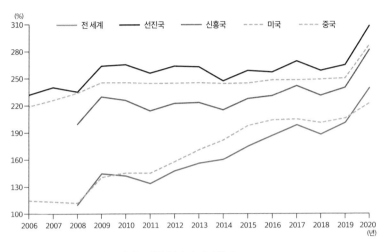

전 세계 GDP 대비 부채비율의 변화

전 세계	선진국	신흥국	미국	중국

부채는 비금융 기업, 정부, 가계부채를 합하여 계산했다.

출처: BIS

부자 기업이나 부자 가계는 문제가 되지 않죠.

신용경색은 국가부채가 많은 터키, 브라질 등 일부 신흥국과 기업부채 비율이 높은 국가에 치명적인 금융위험입니다. 중국도 기업부채비율이 높은 편이어서 부동산 개발, 건설, 일부 구경제 산업의 부채 조정이 부담스러운 상황이죠. 세수 감소와 성장률 둔화는 그간 미뤄두었던 부채 조정 숙제를 해야만 하는, 빚 많은 중국의 지방정부를 더욱 압박할 것입니다. 성장 과정에서 쌓인 지방정부의 부채 문제와 부동산 과열을 어떻게 연착륙시킬 것인가는 향

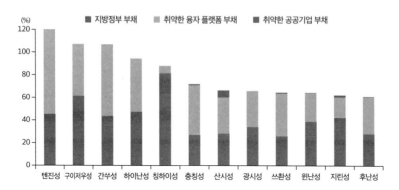

중국 지방정부의 부채 현황

(%) ■ 지방정부 부채　■ 취약한 융자 플랫폼 부채　■ 취약한 공공기업 부채

텐진성　구이저우성　간쑤성　하이난성　칭하이성　충칭성　산시성　광시성　쓰촨성　윈난성　지린성　후난성

지방정부 GDP 대비 부채비율이 60% 이상인 성(省)이다(2021년 10월 기준).

출처: IMF

후 중국 중앙정부의 고민이 아닐 수 없어요. 중국에서 부동산 투자는 전체 경제의 25~30%를 차지하고, 기업부채와도 밀접합니다. 중국 기업의 부채와 지방정부의 부채 조정 이슈는 시스템 위험은 아닐지라도 당분간 중국 전체 경기 둔화로 이어질 수 있습니다.

　금리 상승은 개인에게도 큰 부담입니다. 한국은 2003년 카드 사태* 이후 장기간 가계부채 조정이 없어 가계 레버리지가 계속 누증되었습니다. 특히 코로나19 기간 중 한국 가계의 빚은 선진국

◆ 카드 사태: 2002년부터 정부의 경기부양정책에 부응하여 신용카드사들이 개인 신용에 관계없이 광범위하게 신용카드를 발급해 2003년부터 기하급수적으로 신용불량자와 개인 파산이 야기된 사태다. LG카드기 워크아웃과 함께 공적자금을 받아 'LG카드 사태'라고도 불린다.

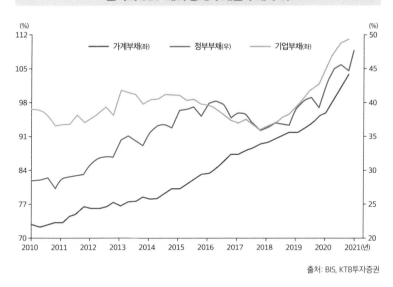

한국의 GDP 대비 경제 주체별 부채 추이

가계부채(좌)　정부부채(우)　기업부채(좌)

출처: BIS, KTB투자증권

평균의 3배로 늘었죠. 집값 조정, 금리 상승 또는 경기 위축 시 가계신용의 건전성이 크게 흔들릴 가능성이 커졌습니다. 만약 인플레는 높아지고 경기는 둔화된다면 가계부채발 금융위험이 일시적으로 커질 수 있습니다.

4. 혁신성장(Innovation):
무서운 속도의 기술혁신과 독과점화

혁신성장은 포스트 코로나 시대에 대표적인 키워드이자 메가 트렌드가 될 것입니다. 경기순환 주기 중에 40~70년의 장기 순환이 있는데, 이를 주창한 학자 니콜라이 콘트라티에프(Nikolai Kondratiev)의 이름을 따 '콘트라티에프 파동(Kondratiev Cycle)'이라 부릅니다. 장기 경기순환의 주요인은 기술혁신, 생산성의 비약적인 발전, 인구구조 변화, 전쟁, 대규모 토목 사업 등이죠. 지금 인공지능, 빅데이터, 에너지(신재생 에너지, 2차전지, 전기자동차), 생명과학 분야의 놀라운 기술혁신을 부정하는 사람은 아무도 없을 것입니다.

인공지능이 적용된 극단의 자동화와 글로벌 초연결성이 이번 산업혁명의 키워드인데, 여기에 코로나19가 비대면 환경을 도와 물리적 거리를 극복할 수 있는 기술과 소통수단이 발전되면서 바이러스로 단절된 세계가 오히려 더 가까워졌습니다. 특히 5세대

장기 경기순환(콘트라티에프 파동)과 산업혁명

파동	기간	주요인
1파동	1770년대 말~1830년대	증기기관 방적기 발명
2파동	1840년대 말~1890년대	철강, 철도산업의 발전
3파동	1890년대 초~1930년대	자동차, 전기, 화학공업 발전
4파동	1940년대~1980년대	전자, 석유화학, 항공산업 발전
5파동	1990년대~현재 진행 중	정보통신, 인공지능, 신소재, 생명공학 발전

통신과 함께 가상현실(VR), 증강현실(AR) 등을 구현할 수 있는 기술이 진보됐고, 비대면·온라인 추세가 확산되면서 메타버스가 빠르게 상용화되고 있습니다.

해리 덴트는 저서 『2019 부의 대절벽』을 통해 현재 거대한 장기(250년) 산업혁명이 진행 중에 있으며, 이는 네트워크 혁명, 생명 연장의 혁명이 될 것이라고 주장했습니다. 그는 또 17~18세기 유럽, 현재 미국을 거쳐 앞으로 100여 년은 아시아 패권 시대로 보았죠.

그간 역사적으로 새로운 기술을 탑재·응용한 재화 및 서비스

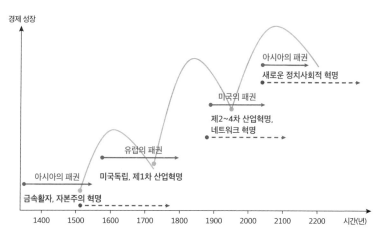

250년 주기의 기술혁명

출처: 홀 포켄(Paul Hawken) 외 2인의 저서 『Natural Capitalism』(Earthscan, 2010)에서 발췌해 일부 수정

는 점점 더 빠른 보급률을 보여왔습니다. 새로운 기술이 현실경제에 침투되고 발전하는 과정에서 중요한 공통점은 당시 그 기술을 이끄는 소수 혁신기업이 한동안 시장 전체의 이윤을 독식해왔다는 점입니다. 그래서 초기 단계에서는 수명 주기가 긴 기술을 확보하기 위해 치열한 경쟁과 인수합병(M&A), 전략적 제휴가 일어나고, 그렇게 해서 승자가 결정되면 대량생산과 글로벌 아웃소싱, 브랜드 독점을 통해 대중적 보편재로 자리 잡습니다.

글로벌 소비재가 국경을 넘어 규모의 경제를 이루고 세계 1등

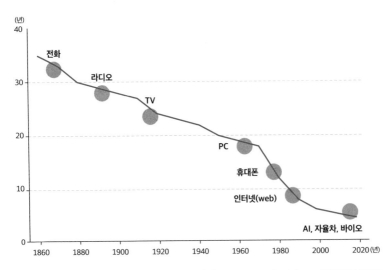

점점 단축되는 첨단 재화 및 서비스 보급 기간

출처: The Economist, Singularity.com 자료를 기초로 작성

기업이 이윤을 독점하는 현상은 역사적으로 이미 경험했던 사실입니다. 라디오, TV, 자동차, 항공기, 패스트푸드, 유통업에서 모두 그랬죠. 지금 우리 생활에 매우 가까이 침투한 넷플릭스, 메타(페이스북), 알파벳(구글), 아마존, 애플, 스타벅스, 코스트코, 디즈니 등이 미국 기업이라는 것은 알고 있지만, 그렇다고 해서 우리가 그들에게 이질감을 갖고 있지는 않습니다. 그들은 80억 인구를 상대로 꼬박꼬박 돈을 거두는 구독경제 모델을 갖고 있고, 우리는 이들 1등 기업에게 부가가치를 몰아주고 있죠. 전기자동차 생산업체인 테슬라의 수익 모델도 마찬가지고요. 한국이 아무리 영화와 드라마를 잘 만들어도 이윤의 상당 부분은 넷플릭스가 취하고 있어요. 글로벌 빅테크들의 이러한 독과점 현상은 쉽게 사라지지 않을 것입니다.

한편 '생명연장의 꿈'을 실현하는 산업에서도 활발한 기술혁신이 일어나고 있습니다. 동서고금을 막론하고 건강하고 오래 살고 싶은 인간의 욕망은 변함이 없죠. 전 세계 고령화 물결 속에 의료, 생체 의학, 제약 바이오, 진단, 원격 진료, 로봇, 건강 기능, 안티에이징(anti-aging) 등과 관련한 산업이 눈부시게 발전하고 있어요. 국제연합(UN)의 통계를 보면 전 세계 65세 이상 인구는 2020년 7억 3000만 명에서 30년 후인 2050년에는 15억 5000만 명으로 2배 이상 증가할 것으로 보입니다. 현재 미국 인구 2배 정도의 고령인

전 세계 65세 이상 인구수와 전체 인구 대비 비중

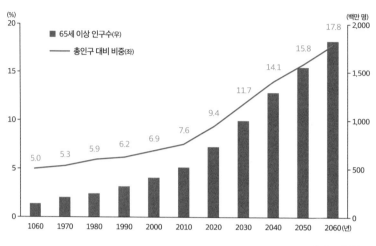

출처: 국제연합(UN)

전 세계 노인부양비율 추이와 전망

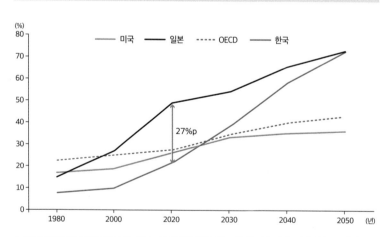

노인부양비율을 100으로 나누면 노인 1명을 부양하는 생산 가능 인구수를 알 수 있다.

출처: 국제연합(UN), 김경록의 저서 『데모테크가 온다』(흐름출판, 2021년)에서 발췌

구가 새롭게 탄생하는 셈이죠. 이 중에서도 한국은 전 세계에서 가장 빠른 고령화 국가입니다.

의료, 바이오 분야뿐 아니라 모든 산업에서 기술 혁신 속도와 신기술을 적용한 재화, 서비스의 보급 기간은 더 빨라질 것입니다. 기술적 특이점(technology singularity), 즉 인공지능이 인간의 지능을 넘어서게 되면 이전에 인류가 축적했던 모든 법칙과 지식이 통하지 않는 시대가 될지도 모르죠. 이러한 초지능 시대의 도래는 기업의 생태계와 노동시장, 사회 문화 전반을 빠르게 변화시킬 것입니다.

5. 차별화 (Differentiation) : 기울어진 운동장을 이용하는 방법

세계 경제는 최근 다방면에서 차별화가 보편화되고 있습니다. 여러 가지 이유가 있겠지만 기술혁신과 산업구조 변화, 그리고 자본의 쏠림 때문으로 보입니다. 기술혁신은 기업 간 이윤 격차를 벌리고, 산업구조의 변화는 고용과 소비를 양극화시킵니다. 또 거대 유휴자본은 노동자보다는 자본가 쪽으로 분배되면서 경제위기 때마다 더 큰 부의 이전이 이루어졌죠.

한편 세계 소비는 소득이 높은 선진국이 이끌고 있는데, 그중에서도 손에 잡히는 재화보다는 무형의 서비스업 성장이 더 빠르게 진행되고 있습니다. 이들은 대부분 꾸준한 수익을 창출하는 구독경제 모델이에요. 가령 노트북과 스마트폰 등 모바일 기기의 보급 확대는 거기에 필요한 필수 운영체제(OS), 각종 소프트웨어와 플랫폼, 소셜 네트워크 서비스(SNS), 콘텐츠, 게임, 전자상거래 보안, 기타 파생 산업을 발전시키고, 이는 고용과 임금 격차로 이어지고 있죠.

앞으로도 내구재와 서비스업을 연결하는 통신, 부품 소재, 다양

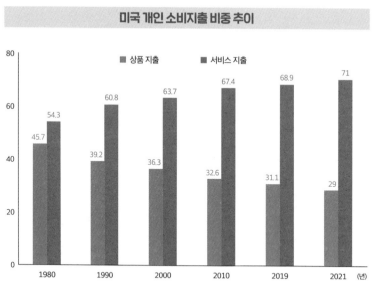

미국 개인 소비지출 비중 추이

미국 전체 소비의 상대 비중이다.

출처 : 블룸버그

한 무형재 산업의 성장이 더 빨라질 것으로 보입니다. 따라서 기업들은 당연히 부가가치의 원천이 되는 지적 생산물의 투자를 늘리고, 이를 진입장벽(해자)으로 삼는 전략을 취할 수밖에 없어요. 요즘 금융권도 점포를 줄이면서 전체 채용 인력을 줄이고 있지만 온라인, 자동화, 자산 관리 인력은 늘리고 있습니다.

한편 실물경제와 환율, 자산시장의 국가별 차별화도 커질 전망입니다. 사실 최근 선진국과 신흥국, 그리고 각 진영 내에서도

장기간 진행된 설비투자 차별화 현상

미국 비주거용 설비투자의 구성비다.

출처: 블룸버그

차별화가 커지고 있죠. 팬데믹 공포가 최고조에 달했던 2020년 3월에는 세계 증시가 대부분 바닥을 찍었는데, 이때와 비교했을 때 2021년 말 기준 MSCI 선진국지수는 74% 올랐고, 같은 기간 MSCI 신흥국지수는 평균 45% 올랐습니다.

문제는 코로나19 위기 정점에서 벗어난 2021년인데, 국가별로 주가 차이가 컸어요. 미국 S&P500이 27% 오르는 동안 한국(3.6%)과 중국(4.8%)의 주가는 거의 제자리였고, 브라질의 주가는 12% 떨어졌습니다. 반면 대만(24%), 인도(22%), 베트남(36%) 등은 선진국 못지않게 높은 주가 상승을 보였죠. 이러한 주가 차이는 무엇보다도 경기 차별화에 기인합니다. 코로나19 시대에 부쩍 빨라진 기업의 부가가치 변화와 글로벌 생산 체제의 변화도 여기에 한 몫했죠.

다음 몇 가지 관점에서 각국 경제와 주가 차별화는 당분간 지속될 것으로 보입니다. 우선 선진국 경제는 보편재로 전락한 부가가치가 낮은 제조업보다는 부가가치가 높은 제조업이나 핵심 서비스업을 장악하고 있습니다. 코로나 백신과 치료제 보급도 선진국이 우위를 차지하고 있죠.

재정지출 면에서도 기축통화국인 선진국의 경제가 돋보입니다. 선진국과 신흥국의 경제 규모 대비 재정지출비율 차이는 2019년 6.9% 포인트에서 2020~2022년 평균 11.5% 포인트로 벌어질 것

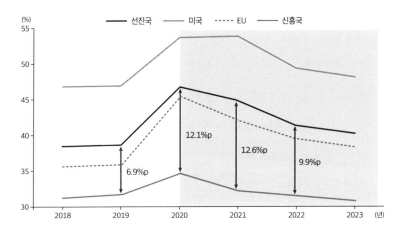

주요국 GDP 대비 재정지출 추이와 전망

(%)

— 선진국　— 미국　···· EU　— 신흥국

12.1%p

12.6%p

9.9%p

6.9%p

2018　2019　2020　2021　2022　2023　(년)

일반 정부지출/GDP 비중이다. 음영은 2020년 실제치와 2022~2023년 전망치다(2021년 10월 기준).

출처: IMF

으로 보여요. 그런데 선진국 재정지출의 주된 항목은 자국의 경기부양과 경쟁력 지원을 위한 사회간접자본(SOC), 통신 인프라, 물류혁신, 첨단산업 및 보건 등 비교역재 비중이 높습니다. 예전과 다르게 신흥국에 대한 선진국 재정투자의 낙수효과가 제한되는 이유죠. 인구구조 면에서도 베트남 등 일부 신흥국을 빼면 미국의 고령화율은 상대적으로 낮은 편입니다. 여기에 넓은 내수시장과 기업의 혁신성장까지 감안하면 미국 경제의 우위는 쉽게 약화되지 않을 것입니다.

자본주의 경제는 많은 모순과 불균형을 안고 있지만 앞으로도 순항할 것입니다. 다만 당장 2022년과 2023년에는 이미 풍선처럼 부풀어진 자산시장이 통화긴축이나 부채 조정과 함께 심하게 흔들릴 것입니다. 코로나와 지정학적 이슈(러시아, 우크라이나 침공)로 촉발된 인플레이션은 특히 자원 수입국인 대부분의 신흥국 경제를 위협하겠죠. 이는 또 다른 차별화 요인입니다.

한국 경제는 경쟁우위와 성장 차별화가 가능한 기업을 다수 품고 있어 중장기 안정 성장은 의심의 여지가 없지만, 현실 경제는 현재 많은 것이 꼬여 있는 상황입니다. 가계부채와 국가부채가 너무 빨리 늘고 있고, 우량기업을 제외하고는 성장 동력이 떨어져 있죠. 고령화와 출산율 저하 등 국가의 성장 동력도 심각합니다.

하지만 여러 무겁고 어려운 환경에도 불구하고 우리는 글로벌 혁신성장을 주도하고 세계 소비자들이 선호하는 아이템을 잘 만드는 기업에 더욱 집중해야 합니다. 이 극심한 차별화 시대에 승자가 될 산업을 찾고 국가와 기업이 힘을 합쳐 이를 육성해야 해요. 물론 투자 초점도 여기에 맞출 필요가 있습니다. 코로나19 전쟁을 치르느라 투입된 통화·재정정책이 인플레이션과 통화긴축, 그리고 금리 상승이라는 비용으로 되돌아오면서 일정 기간 자산시장의 변동성이 클 수도 있습니다. 하지만 결국 글로벌 독과점 기업과 그 후보가 될 만한 기업에 계속 자본을 몰아주는 게임은 지속될 것입니다. 우리는 이 혁신의 추세에 잘 올라타야 합니다.

마지막으로 이런 관점에서 차별화된 미래의 투자 유망 산업을 정리해보겠습니다. 앞서 3장 혁신성장편에서 다룬 다양한 섹터들이 모두 해당되는데요. 기존의 BBIG를 조금 변형해봤습니다. 첫 번째 B 배터리(Battery)는 2차전지 및 관련 소재, 전기자동차로 기존과 같습니다. 두 번째 B 바이오(Bio)는 범위를 조금 확대해 제약바이오, 헬스케어, 진단, 안티에이징, 로봇 산업 등에서 저평가된 성장 기업을 가리킵니다. 세 번째 I는 인터넷(Internet), 플랫폼을 가리켰지만 이것보다는 IT 하드웨어와 소프트웨어, 시스템 반도체(비메모리 반도체) 및 관련 소재·부품·장비, 자동차 전장화 부품, VR·AR, IoT(사물인터넷) 지원 부품 및 소프트웨어가 유망하다고 봅니다. 마지막 G도 게임(Game)으로만 보지 말고 그것을 넘어서 다양한 성장주(Growth) 섹터에 주목했으면 좋겠습니다. 메타버스, 인공지능, 빅데이터, K콘텐츠, 환경 및 신재생 에너지 등이 바로 그 것이죠.

성장 산업이 굵직한 몇몇 산업에 국한돼 경기를 타고 움직였던 예전과 다르게 이제는 다양한 아이템의 성장 기업들이 전체 경기와 큰 관계없이 제각각 다른 행보를 보이는 혁신성장의 춘추전국 시대가 열릴 것으로 예상됩니다. 이처럼 거대한 혁신산업 생태계는 그 다양성과 빠른 변화를 특징으로 하기 때문에 기존의 정체된 시각으로는 유망 기업을 발굴하기가 쉽지 않을 것입니다.

여기에 더해 이제는 투자 유망 기업에 새로운 중요한 조건이 추가될 것으로 보입니다. 성장하고 돈도 잘 벌어야 하지만 무엇보다 주주친화적이어야 합니다. 주주가치 극대화를 경영의 중심에 두는 미국식 자본주의를 '주주자본주의'라고 하는데요. 이것의 발전과 정착이 한국 증시에도 본격화될 것으로 보입니다. 이는 전 세계, 특히 미국 기업의 경영 표준일 뿐 아니라 최근 한국 기업들의 실망스러운 반(反)주주친화적 사건들이 오히려 새로운 변화의 물결로 이어지는 데 기여할 것으로 보이기 때문이죠. 소액주주의 권리 강화, 실효성 있는 사외이사제도 운영, 경영의 투명성, 이윤 중심의 경영, 주주환원율(순이익 대비 배당금과 자사주 매입 소각 금액)의 꾸준한 확대 등이 주가 상승의 중요한 조건이 될 것입니다. 특히 주주환원율 제고는 몇몇 소수 기업을 중심으로 이미 시작되고 있는데, 주가 상승으로 그 성과가 확인되고 있습니다. 소수 대주주 중심의 낡은 경영 관행과 소액주주의 권리를 무시하는 여러 잘못된 관행과 제도들(대주주의 주식매매, 기업분할, 신규상장관련 제도 등)이 바뀔 때가 된 것이죠.

무엇보다 중요한 것은 주주가치 극대화에 대한 기업과 정책 당국, 금융회사들의 마인드 변화입니다. 주주자본주의가 도외시되면 아무리 한국 기업이 해외로 뻗어 나가 성장해도 선진국 증시로의

도약은 요원할 것입니다. 한국 기업을 저평가하는 코리아 디스카운트도 해소되지 못할 것이며, 이는 결국 기업 성장과 한국 경제의 성장에도 큰 제약 요인이 될 것입니다.

변화와 생존

초판 1쇄 인쇄 2022년 3월 15일
초판 1쇄 발행 2022년 3월 23일

지은이 김동환, 박세익, 김한진
펴낸이 김동환, 김선준
책임편집 최구영
편집팀장 한보라 **편집팀** 최한솔, 최구영, 오시정
마케팅 권두리, 신동빈
홍보 조아란, 이은정, 유채원, 권희, 유준상
디자인 김혜림
외주 교정교열 김동화

펴낸곳 페이지2북스 출판등록 2019년 4월 25일 제 2019-000129호
주소 서울 영등포구 여의대로 108 파크원타워1. 28층
전화 070) 7730-5880 **팩스** 070) 4170-4865
이메일 page2books@naver.com
종이 ㈜월드페이퍼 **인쇄·제본** 한영문화사

ISBN 979-11-90977-59-3 (03320)